KB239946

섹시한 기획

섹시한 기획

사카모토 케이이치 지음 | 김성은 옮김

Planning Mind

꿈엔비즈

'아저씨 기획'을 버려라!

진정한 기획력이란 기획이 필요한 사람을 부추겨 행동으로 옮기게 하는 힘이다.

이 책에서 나는 오로지 한 가지만을 말하고자 한다. 기획에는 여러 가지가 있을 수 있다. 그러나 '기획력'은 하나이다. 여기에 과일이든 야채든 그 무엇이나 자를 수 있는 칼이 있다. 나는 독자 여러분에게 그 만능의 칼을 전수하려고 한다.

아마도 이 책의 내용을 모두 소화한다면, 당신이 만든 모든 기획은 분명히 상대방에게 백발백중 먹힐 것이다. 뿐만 아니라 기획한 상품은 대박을 터뜨릴 것임에 틀림없다.

이 책은 「Palmtree Inc.학문연구소」에서 개최한 인기 세미나 〈기획력양성〉이라는 프로그램의 배포용으로 만들어진 비매품 교재를 바탕으로 집필되었다. 그 세미나는 메일매거진 《Surfin》을 통해 참가자를 모집했는데, 모집 당시 단 10초 만에 매진된 사실이 증명하듯 전설적이고 놀라운 기술이 담겨있다.

이 책을 손에 넣은 독자 여러분은 그 전설이 바로 여러분 자신만의 것이 된 행운을 얻은 것이다. 따라서 이제부터 천천히 즐기시길 바란다. 즐기면서 읽다보면 자연스럽게 기획력이 팍팍 솟아남을 알 수 있다.

이 책은 크게 6장으로 구성되었다.

기획에는

1. 준비-낳다

2. 실행-한다

3. 실행-기른다

4. 실행-정리한다

5. 실행-판다

6. 끝맺음-남겨둔다

여섯 가지 단계(phase)가 존재하며, 각 장은 이 단계를 따라 서술된다.

각 장의 내용 하나하나는 작은 구가 쌓인 것이다. 저자로 서 나는 추가해서 말하지 않는 것에 신경을 썼다. 그래서 독자 여러분이 직접 공간을 채울 수 있도록 조금의 여백을 남겨두었다.

Yes, use your imagination.

상상력과 창조력의 양 날개를 맘껏 펼쳐 읽어 나가길 바란다. 기획을 할 때 중요한 것은 '한 사람 한 사람이 자신의 두뇌로 생각하는 것'이다. 각 장 마지막에 있는 참고부분에 내 생각을 〈섹시한 기획 만들기〉란 이름으로 따로 적었다.

나는 이 책에서 플래닝 마인드(planning mind), 즉 기획心에 대해 말할 것이다. '기획心'이라고 했지만 본래 영어의 의미는 '기획두뇌' 정도가 적당할 것이다. 그런데 일부러 '心'을 붙인 이유는 두뇌만이 아닌 온몸으로 이해했으면 하는 바람에서이다. 즉 마음으로 기획하길 바란다.

비즈니스 환경에서 이러한 변화가 중요한 이유는 단지 눈에 보이는 것만을 인식하지 않고 보이지 않는(invisible) 것까지 오감(五感)을 총동원해 느껴야 하기 때문이다.

피부로 느끼고, 냄새로 확인하고, 혀로 맛보고, 귀 뒤에 두 손을 대고 미세한 소리까지 세밀하게 찾아내라. 그리고 마음속에 미학(美學)적 생각을 실현하려고 노력하라. 이는 모두 속도만을 우선시 해온 지금까지의 세계가 자폐적 성향을 강하게 드러내기 때문이다.

다음의 에피소드가 이를 잘 설명해준다.

내가 일하는 사무실 근처에서 맨션 공사를 하고 있었다. 건축은 옛날부터 나에게 선망의 대상이었고 무척 좋아했으

섹시한 기획

므로 내심 완성을 기대하고 있었다. 외벽 공사가 끝나고 내장과 외장 공사만을 남기고 있던 어느 날, 드디어 공사 시트가 벗겨지고 건물 전체의 모습이 드러났다.

으악, 난 실망했다.

고도성장기 산업사회의 유물처럼 미학이라곤 전혀 찾아볼 수 없었기 때문이다. 대량 생산된 판넬을 사용한 건물, 다시 말해 연립주택 수준이었다. 딱딱한 사각형, 불에 그을린 듯한 갈색을 띤 외벽, 작고 비좁은 베란다. 벽에 박아 고정시킨 빨래대 등등.

입주자나 주변 주민들의 미적 감각을 배려한다거나, 그곳에 살면서 두근거릴 정도의 뿌듯함이라곤 일체 배제되었다.

그 건물에 존재하는 것이라곤 단열성, 내연성, 방수 등의 기능과 집세, 공익비용, 이사 시의 보수공사비, 임대료 등의 지폐 다발이나 영리만이 살아 숨 쉬는 전부였다.

건설사 측은 '독신자용이니 우선 살고 보면 되겠지 뭐?' '대체로 이 정도면 이 바닥에서는 일반적인 풍토 아닐까' '돈이나 공사기간이 넉넉지 않아서'라고 얼버무린다.

우리가 사는 이 세상을 정신적으로 빈곤하게 하는 것은 바로 이런 '아저씨 기획' 때문이다. 우리들은 이런 종류의 손 때 묻은, 더러운 기획을 확실히 버려야 한다.

기획회의에서는 '대략 이 선에서' '예산에 맞춰서' '이 다음은 되는대로'라는 단어 자체를 쓰지 못하게 해야 한다.

연고도, 자본도, 후원자도 없는 상태에서 이국 땅 뉴욕에서 창업하고, 지금까지 20년 동안 몸담았던 건설업계와는 아무런 인연도 없는 컨설팅으로 내가 오늘까지 어떻게든 살 수 있었던 것은 오직 기획력 덕분이라고 본다. 기획력은 현금인출기에서 돈을 인출할 수 있는 무형의 카드와도 같다. 더군다나 인출할 수 있는 것은 돈만이 아니다. (단지 그런 작은 물욕을 위해 이 책을 쓴 것이 아니다!) 고객이 주는 사랑, 더욱 아름다운 회사를 만들겠다는 정신적인 욕구의 실현 등을 보너스로 얻을 수 있다.

사랑과 아름다움이 충만한 사회를 만들기 위한 기획.

준비는 되었나? 그럼, Here we go!

사카모토 케이이치

| 차례 |

2장 실행_기르다

3장 실행_정리하다

All your need is 기획心

기획력 빈곤으로 장사가 안 된다.

지하철역 앞 상점가에 테이크아웃 초밥전문점이 생겼다. 그 상가는 '○○수사'라는 이름을 달고 있다. '수사(壽司)'라는 이름을 붙인 것이 강한 인상을 주기는 했지만, 역 앞의 많은 상가가 그러하듯 셔터만이 눈에 띌 뿐이었다. 새로 문을 연 초밥전문점은 이전에 통닭이나 튀김을 팔았던 가게이다. 아침 일찍부터 저녁 늦게까지 열심히 일하는 그 튀김집의 모습에 나는 감동을 받았음에도 불구하고, 지난 연말 너무 힘을 쓴 나머지 지쳤다는 듯 문을 닫고 말았다. 그런데 새로 개업한 초밥전문점은 채 3개월도 넘기지 못했다. 어제 그 가게 앞을 지나다보니 문을 닫았다. 이번엔 힘을 다 썼다기보다 푹 하고 꺾였다는 느낌이다.

마케팅 컨설팅 측면으로 보면 이유는 분명하다.

첫째, 상점가의 다른 가게들과 캐릭터가 비슷하다. 테이크아웃 초밥전문점은 근처에 4곳이나 있다.

둘째, 동종이라면 '뭔가 특별한 서비스'가 필요하지만 그 초밥전문점에는 그런 것이 없었다. 요컨대 '다른 가게에는 없는 특별히 나만이 할 수 있는 무언가'가 보이지 않았다. 여기에 바로 기획이 필요하다. 기획력 없음이 실패를 낳았다.

이처럼 문을 닫는 상점들이 자주 말하곤 하는 변명들이 있다. 경영자의 고령화, 천원샵의 대두, 편의점·대형쇼핑몰의 출현 등등. 하지만 이 모든 것은 부차적인 이유에 불과하다. 본질은 기획력의 빈곤에 있다.

친구가 조용히 말했다.

"내가 사회에 나와서 이 정도 사업을 할 수 있는 것은 모두 꼬마 때 집 근처의 프라모델 문구점 아저씨 덕분이라고 생각해."

흥미를 보이는 나에게 그 친구는 이야기를 시작했다. 그 친구의 이야기를 정리해 보자.

문구점 아저씨의 기획력, 하나

_아이들 놀이의 모두를 취급한다.

프라모델 문구점은 '모형가게'지만 단순하게 프라모델만

을 취급하는 것이 아니라 근처 아이들의 놀이 대부분을 취급하는 의욕을 보인다. 구체적으로 말해 연이나 만화주간지, 축구공, 야구방망이 따위도 갖춰져 있다. 예를 들면 프라모델 중에는 서브마린 707이나 선더버드 등이 인기였는데, 그 주인아저씨는 이런 캐릭터가 연재된 잡지나 만화를 주문해서 가져다 놓았다. 지금이야 이런 미디어를 활용한 판매방식은 '클로즈 세일링'이라고 하여 당연시 되었지만, 그 당시 문구점 아저씨의 판매방식은 대단히 혁신적이었다.

문구점 아저씨의 기획력, 둘

_영업시간을 차별화한다.

설날 아침부터 영업을 했다. 요즘은 편의점이나 문구점이

설날에 문을 여는 것이 당연하지만, 1960년대에 문이 열린 곳이라곤 문구점 아저씨의 가게뿐이었다. 그러니 주위 아이의 세뱃돈이 뜨끈뜨끈한 채로 모두 아저씨에게로 흘러들어온다는 것은 당연한 시스템이다.

그 아저씨의 프라모델 가게 영업시간은 평일 오후 3시부터 9시까지이고 토요일은 정오부터 9시, 일요일은 오전 8시부터 밤 9시까지였다. 아저씨가 무엇을 의도했는지 이제 알겠는가?

문구점 아저씨의 기획력, 셋
_팔리는 구조를 내 스스로 만들어라.

아저씨는 항상 무언가를 기획한다. 기획함에 따라 상품을 정보화하는 것이다. 예를 들어 연을 가게 앞에 진열만 한다면 단지 팔리기를 기다리는 것에 불과하다.

그러나 아저씨는 달랐다. 여기서 한 걸음 더 나가 연날리기대회를 기획했다.

기획에는 당일 대회장에 목장갑을 준비해 가는 것도 포함된다. 연을 날려본 사람이라면 알겠지만 연을 날릴 때 손가락이 끈에 닿아 잘려나갈 정도로 아프기 마련이다. 이 점에 착안해 아저씨는 목장갑을 들고 대회장을 돌아다닌다. 물론 목장갑은 불티나게 팔린다.

또한 프라모델대회를 기획하는데, 그 시작하는 시기를 11월로 잡는다. 당연히 우승자 발표는 정월 초하루. 아이들이 완성한 프라모델을 문구점에 가져오면 아저씨는 바로 가게

쇼윈도에 진열한다. 자신의 작품이 진열된다는 사실은 아이들에게 하늘을 나는 것과 같다. 그래서 자랑하려고 친구들을 데리고 온다. 기존의 고객이 숨은 고객(체재고객)을 개척하는 구조이다. 당연히 이 근처 아이들은 모두 산타할아버지에게 프라모델을 선물해달라고 빌 것이다.

문구점 아저씨의 기획은 아직 끝나지 않았다. 대회 우승자는 가장 부잣집 도련님 같은 아이가 된다. 아저씨는 우승 트로피를 건낸 후 천천히 '작품평'을 늘어놓는다.

"이시헌 군, 좋은 완성품이야. 그래도 여기 있는 이 락카를 쓰면 더 멋질 것 같아."

부잣집 도련님 이시헌 군은 새로운 락카를 산다. 아이들이 따라 사는 건 물론이다.

문구점 아저씨의 기획력, 넷

_내가 유행을 만든다.

아저씨는 가게 앞에서 게임기나 체스, 팽이, 슈퍼볼을 직접 가지고 논다. 앞에서 말한 연날리기 대회용 연은 재빨리 게일러 카이트(Gayla-Kite; 비닐소재의 외국 연)를 수입해 교체했다. 아저씨가 슈퍼볼을 높게 튀기고 있으면 당연히 그 주위는 아이들로 가득하다. 그리고 아저씨가 한 마디 던진다.

"요즘 이게 유행하고 있다고 해서."

유행이라니? 아저씨 가게에서만 유행하는 주제에…, 그러나 그 기획은 효과 만점인 걸 어쩌나!

상점의 존재 의의란 문구점 아저씨와 같은 기획력에 있다. 영업시간 하나만 봐도 회사원들이 근무하는 시간에만 문을 열고 아침, 저녁은 신경 쓰지 않는 요즘의 많은 상점들이 시대에 뒤떨어진 것은 그때의 문구점과 비교해보면 확연히 들어나는 사실이다.

공격적인 기획력이야말로 장사의 핵심이다.

All your need is LOVE, All your need is 기획心

1장

준비 _ 낳다

책상머리에서 갑자기 기획이 떠오를 리 없다.
사전 '준비'가 충분히 이루어진 것만이 멋진 프로젝트가 된다.
하여튼 나는 '준비'에서 '낳다'라는 글자를 붙였다.
'낳다'(이 말은 生이기도 하고, 産이기도 하다)는
'낳다'인 동시에 '만들어 내다'이다.
즉 당신 머릿속에서 밖으로 끌어내야 한다.
단지 만들어 내는 것만으로는 부족하다. 그 비결이 있다.

/ 마인드와 스킬

스킬은 마인드가 있은 다음에서야 살아난다.
마인드는 스킬이라는
꽃을 피우기 위한 기름진 대지와 같다.

우선 모든 것의 전제인 마인드와 스킬에 대해서 생각해 보자.

기획만이 아니라 모든 일에는 '마인드'와 '스킬'이라는 양면성이 있다. 이 두 가지는 자동차 바퀴와 같아서 서로 조화를 이루어야 한다.

마인드는 세 가지로 요약할 수 있다.

1. 동기부여(motivation)

왜 그 일을 하는가?

2. 비전

그 일을 달성하면 세상은 어떻게 바뀌는가, 또는 어떻게

바꾸고 싶은가?

3. 리턴

일의 결과로 얻는 대가는 무엇인가?

스킬에도 다음 세 가지가 있다.

1. 기술(technique)

이른바 노하우. 최소한 이것만은 충족해야 한다는 약속.

기획에 있어서 '기획서 쓰는 법'과도 같다. 어학의 문법

에 속한다.

2. 언어(technical term; 전문용어)

업계에서만 쓰는 전문용어로, 일을 원만하게 진행하기

위해서는 기억해야 한다. 건설업이라면 '개구부(開口

部)'가 창문이라는 것을 모르면 회의가 이루어지지 않는

다. 어학의 단어에 해당한다.

3. 지식(knowledge)

때때로 업무에서 기술만을 중시하여 마인드가 결여되는 경향이 있다. 어떤 고객을 예로 들어보자. Z사는 레스토랑을 운영한다. 홀에 나와 있는 사원은 모두 서비스전문학교 출신자로 접객의 기본을 숙지한 상태이다. 그럼에도 고객의 불만과 클레임은 끊이지 않는다.

고객은 웃는 얼굴로 이 가게에 들어와 불만스런 얼굴로 나간다. 그 이유는 간단하다. 고객이 메뉴에 대해 물었을 때 어떤 사원도 대답을 하지 못하고 심지어 목소리도 작다. 직원이 전혀 도움이 안 돼 화가 머리끝까지 난 고객은 ‘이봐 거기 꺽다리!’라며 나쁜 인상을 주기까지 한다.

조사한 결과 Z사의 사원들은 손톱이 자라도 깎지 않고, 식사 후 양치질을 안 하고, 구두 굽도 제때 갈지 않는다. 비 오는 날 흙탕물 튄 구두를 휴지로 닦아내는 정도일 뿐 일반적으로 손질을 잘 하지 않는다. 9시에 오픈하지만 9시가 다 되어 출근하는 등 사태가 심각했다. 물론 미소 띤 얼굴 따위는 찾아볼 수 없다. Z사에 무엇이 부족한가. 그렇다. 이미 눈치 챘겠지만 마인드가 없다.

스킬은 마인드가 있은 다음에서야 살아난다. 마인드는 스킬이라는 꽃을 피우기 위한 기름진 대지와 같다.

이 책에서는 기획력의 마인드에 대해 말하려 한다. ‘기획서 작성의 노하우’라는 스킬은 이미 다른 책들에서 언급했기에 이제 와서 내가 덧붙일 필요는 없다. 내가 집필을 하기로 마음을 먹었을 때는 ‘나 아니면 쓸 수 없는 무언가’이다. 이 무언가는 다름 아닌 ‘기획心’이다. 여기서 ‘心’이 바로 마인드이다.

마인드와 스킬에 대해 좀 더 예를 들어 설명해보자.

노래를 잘 부르긴 하는데 감동이 없다는 경우를 본 적이 있는가. 분명 악보대로 잘 부르는데 마음을 울리는 뭔가가 없다. 이는 노래하는 사람이 스킬은 있지만 마인드가 없기 때문이다. 여기서 말하는 마인드란 인생의 경험이나 의지, 사는 방식을 포괄한다. 반대로 음정은 조금 틀리지만 가슴을 치는 노래도 있다. 그렇다. 노래 또한 '부르는 방법'이라는 스킬이 먼저가 아니라 '노래하는 사람의 心(마인드)'이 중요하다.

'이발소 그림'이란 것이 있다. 옛날 이발소에 가면 벽에 붙어있던 풍경화 말이다. 그 그림들은 풍경을 아주 잘 그렸는데 결정적으로 감동이 없다. 화가의 마인드가 생략된 채 기계적으로 그렸기 때문이다.

칵테일은 어떤가. 라임과 코코넛 등을 몇 대 몇의 비율로 섞는다고 레시피로 남긴다. 그러나 이것만으로 칵테일의 맛은 나지 않는다. 이 또한 칵테일을 만드는 사람의 '마인드'

가 맛을 결정한다는 말이다. 인생의 쓴 맛, 단 맛 모두 음미

한 노년 바텐더의 존재감은 바로 여기에 있다.

2 기획은 미학이다

전술한 많은 예를 통해 알 수 있듯이 마인드란 다르게 표현하면 '미학'이라 할 수 있다. 미학을 가지고 기획하자.

서문에서 말한 '이 책에서 말하고 싶었던 만능나이프'란 바로 '미학이 있는 기획'이다.

미학이란 무엇인가. 미학은 내 자신에 대한 지적 정직함이다. 무리하지 않고 잘난 척하지 않고 친한 척하지 않고 속이지 않는다. 긍지라고 해도 좋다. 프라이드를 가지고 허리를 편 정정당당한 내 모습, 이것이 미학이다. 하늘에 계신 신

에게 부끄럽지 않은 아주 정직한 자세가 여기서 말하는 미학
이다.

거품경제가 한창이던 시절, 딱딱한 이미지였던 어느 제철
회사가 만화 캐릭터를 이용해 기업홍보를 했다. 〈사실은 부
드럽고 즐겁고 좋은 회사입니다〉라고 광고하였다. 우수한
인재가 신입사원으로 지원하게끔 만들기 위한 기획이었다.
그러나 누가 봐도 무리수가 있었다. 미학의 작은 요소도 찾
아볼 수 없었기 때문이다. 자신들이 무엇으로 알려져 왔는가
라는 자긍심 없는 기업이 어떻게 매력적으로 보일 수 있겠는
가. 친한 척하는 모습은 오히려 사람들에게 호감을 잃
는다. 기획도 마찬가지다.

준비_낳다

3 기획은 사랑이다

다시 찾아오는 손님이 있다 해도 방문한 고객의 '숫자'에
대한 사랑만이 있을 뿐이다. 고객 숫자를 아무리
사랑해도 숫자는 사랑을 되돌려주지 않는다.

마인드는 미학이라고 했다. 하나 더 있다. 그것은 사랑이다.

기획의 바탕에 사랑이 없다면 어느 누구의 마음에도 가 닿지 않는다.

무엇에 대한 사랑인가? 모든 것에 대한 사랑이다. 고객에 대한 사랑. 상품에 대한 사랑. 상품을 생산하는 업계에 대한 사랑. 시장(市場)에 대한 사랑. 유통에 대한 사랑. 우리나라에 대한 사랑. 전 세계에 대한 사랑. 인간에 대한 사랑 등등.

사랑 없는 기획이 대히트한 적이 있었는가? 나는 아직 그런 일을 보지 못했다.

친구가 6년 전 미용실을 개업했다. 개업 당시는 널리 이름을 알리는 것이 최우선이라 생각해 지역 잡지에 광고를 내는 등 할 수 있는 모든 방법을 동원해 고객을 유치했다.

광고는 〈선착순 50명까지 무료!〉라는 전단지 배포였다. 나는 당시 컨설턴트로 독립하지 않은 평범한 건설업체 영업 사원이었다. 그러나 내가 봐도 '이건 아닌데……'라는 생각이 들었지만 친구가 하는 일에 뭐라 토를 달기가 뭐해서 가만히 있었다.

홍보는 물론 중요하다. 하지만 장사의 출발점에는 고객에 대한 사랑이 있어야 한다. 전문가다운 헤어스타일 서비스를 제공하여 고객이 즐겁고 기분 좋은 생활을 할 수 있도록 돕는 것이 미용실의 기본이고 지향해야 할 경영 목표이다. 그런데 당시는 '고객 유치'가 목적이 되어버렸다. 게다가 '선착순 50명'은 미용실 직원이 하루 종일 일했을 때 수용할 수 있는 인원보다 많았다. 친구의 미용실은 아침부터 밤늦게까

준비_낳다

지 혼잡을 이루고 고성이 오가는 시장통으로 변했다. 그러니 오픈기념으로 미용실을 찾은 고객은 그 후 두 번 다시 오지 않을 것이다. 문제는 무엇인가? 그렇다. 그 기획에 사랑이 없었다. 다시 찾아오는 손님이 있다 해도 방문한 고객의 ‘숫자’에 대한 사랑만이 있을 뿐이다. 고객 숫자를 아무리 사랑해도 숫자는 사랑을 되돌려주지 않는다.

사랑이 있는 기획과 없는 기획의 차이는 ‘인간에 대한 사랑’의 유무이다.

사랑을 가져라. 사랑을 담아라.

내가 프롤로그의 마지막에

All your need is LOVE. All your need is 기획心

이라고 쓴 의미는 바로 여기에 있다.

4 기획을 낳는 10가지 방법

1. 모든 것은 '생각'에서 시작한다.

모든 기획의 출발점은 당신의 '생각'이다. 생각(思)이든 생각(想)이든 어떤 글자를 써도 좋다.

'나는 이렇게 하고 싶다!'

'세상에 이것을 어필하겠다!' 라는 생각.

혼이라 해도 좋다.

자주 하는 논의가 '니즈(needs)'인가 '원츠(wants)'인가 이다. 답을 먼저 말하면 기획하는 당신에겐 이 둘 모두가 필요하다. 그러나 주체가 당신 이외의 다른 사람이라면 둘 다 무의미하다. 지금까지 세상을 바꾼 기획 중에 기획 주체의 니즈나 원츠에서 나오지 않은 것은 하나도 없었다.

「노동자 출신의 장발 4명이 스스로 악기를 연주하고 노래를 한다. 보컬은 무엇을 부르고 있는지도 알 수 없는 샤우트 창법이다. 곡은 프로 작사, 작곡가가 아닌 당연히 초보인 그들 자신의 손과 머리에서 나온다. 그것도 발음은 노동자 특유의 사투리」

데뷔 당시의 비틀즈를 기획서로 만들면 위와 같다. 물론 비틀즈는 기획서 따위로 만들어지지 않았다. 존 레논, 폴, 조지, 링고가 "그래, 해보는 거야!"라고 외치며 '뜨거운 열정과 큰 야심'을 가슴에 안고 매일 연주했다. '꼭대기'를 목표로 말이다.

라이브 하우스에서 헤어스타일을 다듬으며 "세계 제일의 밴드는?"이라고 존이 묻는다. 다른 세 명이 "비틀즈!"라고 입을 모아 대답한다. 그들은 이렇게 스스로에게 자기암시를 하며 정상을 향해 한 단계씩 밟아 나가고 있었다.

현실을 현실 그대로 순전히 받아들이는 것은 중요하지만 한편으론 불만도 있을 것이다. 불만을 불만 자체로 끝낼 것인가 아니면 그 불만을 해소하기 위해 무엇을 할지 생각할 것인가? 이것은 180도 다르다.

또한 모든 사람이 뭔가에 대한 희망을 가지지 않는가?

바로 '~ 하고 싶다'라는 것 말이다. 설령 아주 작거나 하찮은 것이라 해도 좋다. 그럼에도 생각하는 것이 이기는 것임을 알아야 한다.

생각했다면 그 희망을 실현하기 위해 움직이자.

대성공? 좋잖아!

참패? 괜찮아!

네 인생이니까!

준비_낳다

이 또한 존 레논의 말이다. 마치 내 자신에게 말하는 것 같아 마음에 와 닿는다.

우선은 '생각'부터 하자.

2. 잡(雜)과 이(異)를 받아들이자.

섞임의 매력. 다름의 힘을 염두에 두자. '반대'를 붙여놓으면 재미있다.

'도대체 요즘 젊은 것들은……' 대신에 '도대체 요새 어른들은……'으로 시작하면 뇌의 다른 부분이 활성화된다.

생각하거나 말하는 것만이 아닌 실제로 '섞임(雜)과 다름(異)'을 행동으로 옮겨보라.

대학로 거리는 젊은이들의 공간이지만 이번에 나는 밴드 연주를 거기서 해보기로 기획했다. 아저씨 밴드의 길거리 문화. 젊은 것들에게만 맡겨둘 수 없어. '뒤쪽에도 은행나무가 울고 있어'라는 모양새다. 아저씨인 까닭에 사실 은행나무가 아닌 위장이 울고 있지만…. 실제로 홍대 앞 지하철역에서 은행나무 가로수를 등지고 기타를 연주하고 노래를 부르면 어떤 일이 일어날까. 상상만 해도 즐거워 견딜 수 없다.

기획에서 가장 피해야 할 것은 '이거 어디서 본 것 같은데'라는 데자뷰 감이다. 동종 업계에 오래 있을수록 업계 특유의 '상식'으로 인해 머리가 둔해진다. 간호사인 내 친구의 말에 의하면 백화점 앞에 모인 군중을 보면 모두 환자처럼 보인단다.

잡초가 토양을 가리지 않고 강인하게 자라는 것은 '잡(雜)'이기 때문이다. 매너리즘에서 벗어나라. 그리고 다른 아이디어와 버라이어티한 발상으로 승부하라.

준비_낳다

3. QOL을 높이자

기획의 목표를 QOL(생활의 질) 향상에 맞추자. 아주 작은 양이라도 좋다. 기획에서 지향할 가치를 고객의 QOL 향상에 도움이 되는 것으로 정하라.

물론 그러기 위해서는 당신 자신이 평소에 QOL을 의식한 생활을 해야 한다. 돈을 쓰라는 것이 아니다. 하나라도 좋으니 생활 속에서 '특별함'을 가지라는 것이다. 예를 들어 기타를 살 때, 아무 브랜드라도 좋다가 아닌 '나는 야마하가 아니면 안 돼'처럼 말이다.

'특별함'을 위해서는 그 세계에 대한 지식만이 아닌 자기 스스로 얻어낸 맨손에 닿는 촉감과 같은 지혜가 필요하다. 어떤 업계에서든 일등을 달리는 사람은 모두 그만의 '열정'을 가지고 있기 마련이다. '특별함'을 가지면 감성이 살아난다. 감성이 풍요로우면 생활 또한 풍요로워진다. 풍요로운 생활을 하는 사람의 기획은 재미있다. 시시하고 가난하게 사는 사람이 기획을 재미있게 만들 수는 없다. 만일을 위해 말해두지만 여기서 말하는 '풍요', '가난'은 돈의 유무를 뜻하

는 것이 아니다. QOL이 높으면 풍요로운 것이고 낮으면 가
난하다.

4. 으악!을 준비하자

'Surprise!'

내 기획을 듣거나 읽은 사람이 '으악!'하고 놀랄만한 장
치를 만들자. 이 책의 텍스트인 「Palmtree Inc.학문연구소」
의 〈기획력양성〉 강좌의 배포용 교재는 내가 직접 손으로 써
서 준비한 것이다. 수강생은 분명히 이 텍스트를 받고 으악!
하게 된다.

연애 초기, 비행기로 말하자면 이륙할지 말지 잘 모를 즈
음, 상대방의 첫 생일을 맞이하게 되었다. 당신의 기획력이
시험대에 오르는 날이다. 이 때 서프라이즈를 연출해야 한
다. 나는 생일 주간 동안 매일매일 작은 선물을 보낸 적이 있
다. 어차피 할 거라면 이 정도 서프라이즈를 준비하자.

다운타운에 있는 '카시타'라는 레스토랑에 갔다. 클라이

준비_낳다

언트가 예약해주어 처음 가보았다. 예약 테이블에는 피로연에서나 볼 수 있는 이름표 카드가 있었다. 여기까지는 뭐 자주 있는 이야기이다. 카드를 뒤집으니 웬일! 내 회사 「Palmtree Inc. 학문연구소」의 로고가 찍혀있다. 카시타는 이 밖에도 으악!의 연속이었으나 이야기 진행을 위해 일부를 생략한다. 식후 디저트를 즐기고 있으니 밀크커피가 나왔다. 커피 표면에도 이쑤시개로 「Palmtree Inc. 학문연구소」의 로고가 그려져 있는 것이 아닌가? 으악!

카시타는 레스토랑이지만 음식만을 팔지 않는다. '카시타에서만의 경험'이라는 'experience'도 동시에 판다. 그리고 고객의 심장에 저장된 경험은 다름 아닌 연속적인 서프라이즈 기획이다.

5. 찾아가라

기획력은 행동력이다. 컴퓨터 앞이나 회의실에 틀어박혀서는 아무것도 이룰 수 없다. 우선 행동할 것, 이것이 비결이다. 존 레논은 〈더블 판타지〉 앨범을 작곡을 하기 위해 버뮤

다제도로 떠났다. 스튜디오에 있으면 기획이 떠오르지 않는다는 사실을 알았기 때문이다. 비틀즈의 성공은 매니저 브라이언 엡스타인의 공이 크다. 엡스타인은 레코드가게 주인이었을 뿐 프로 매니저가 아니었다. 고객 몇 명이 귀에 익지 않은 비틀즈의 레코드를 찾는 것을 보고 흥미를 느껴 그들이 매일 밤 연주하는 클럽으로 갔다. 그래, '찾아간 것이다.' 이것이 비틀즈가 세상으로 나온 계기가 되었다. 어찌됐든 몸을 움직여라.

기획에서 행동이란 무엇인가.

우선 생각하는 것부터 시작해야 한다. 생각한다. 머릿속에 무언가 떠오른다. 마음속에 모락모락 피어있던 것이 언어화되었을 수도 있고, 언어가 아닌 형태가 확실치 않은 '예감'과 같은 것일 수도 있다. 바로 이 시점이 중요하다. 그 '모락모락'을 가지고 실제로 몸을 움직이는 것이다. 모락모락과 연관이 있는 곳에 가도 좋다(엡스타인이 클럽에 간 것처럼). 일상생활에서 벗어나는 것도 좋다(존 레논이 버뮤다제도

준비_낳다

에 간 것처럼). 모락모락이 기획이라는 형태로 변신하는 전환점은 머릿속에만 머무르지 않고 당신 스스로 몸을 움직여 쟁취할 때이다.

사실 이 원고는 이시가키섬의 한 리조트에서 썼다. 조금 전까지 멀쩡했던 바다에 갑자기 스콜이 덮쳐왔다. 베란다에는 순간 물보라가 하얗게 피어올랐다. 그 와중에서도 나무 틈으로 보이는 건너편 수영장을 바라보며 '섹시한 기획은 오감을 자극한다'는 문구가 떠올랐다. 이것에 대해서는 본 챕터의 〈섹시한 기획 만들기〉면에서 서술하겠다.

6. 혼을 넣어라

가슴을 울리는 기획에는 기백이 담겨있다. 혼이 숨쉰다.

1년이 지난 지금도 '혼신을 다해서 썼구나'라며 가슴을 치게 하는 기획서가 있다. 정확히 말해 기획서가 아니라 리포트였다. 당시 내가 진행하던 「리더십 코스」에서 피터 드러커의 어느 저서를 과제도서로 선택하여 '당신의 일에 도움이 되는 것을 골라 자신에게 영향을 준 문장을 적어라'라는 과제를 낸 적이 있다. 수강생 H씨가 제출한 리포트가 바로 혼신충만의 작품, 손에 열기가 느껴질 정도였다. 이 원고를 쓰기 위해 파일을 책상 위에 올려놓은 지금도 화상을 입을 것 같은 열기가 그대로이다. A4용지를 꽉 채워 15장. 모두 손수 한 장 한 장을 가득 채웠다. 그것도 군데군데 빨간 펜으로 동그라미나 밑줄이 그어져 있다. H씨는 과제도서를 읽는 것에 그치지 않고 완벽하게 분석했다.

H씨의 기획서는 "전근을 계기로 새로운 근무지에서 심기일전하는 나에게 힘이 솟게 하는 강좌를 만들어 주었다" 로 시작한다. 테마가 리더십이었다는 것을 잘 살려 강사인 나에게 리포트를 제출하는데 의의를 두기보다 스스로가 새로운 자신에게 기획서를 쓴 것으로 보인다. 혼신을 다함으로써 읽는 사람을 압도하는 힘이 가득한 기획서였다.

7. 체력은 있는가

체력 없이 기획 없다. 운동을 습관화하고 체력을 단련하라. 기획은 두뇌가 아닌 몸으로 짜내는 것이다.

양질의 기획은 논리가 아닌 활기찬 인간의 감정을 통해 나온다. 바로 열정, Passion이 필요하다.

괴테가 한 말이다. 어떤 교수는 이 말을 인용해 사고를 향상시키기 위한 요령을 설명한다.

8. 의지는 있는가

비틀즈가 애플사 옥상에서 라이브를 했을 때 경찰이 들이

닥쳤다. 레코딩과 영화 〈Let It Be〉 촬영을 동시에 할 때였다. 경찰이 오자 폴과 링고는 둘 다 '멋지다'고 생각했다. 경찰에 연행되는 장면을 촬영했다면 좋았을 걸 하는 새로운 아이디어를 떠올렸다. 급박한 상황 속에서도 '위험해, 어떻게 하지'라고는 전혀 생각하지 않았다. 기획을 사랑했기 때문이다. 이들에겐 의지가 있을 뿐이다.

당신도 자신이 만든 기획에 이만큼의 의지를 담아라. 기획은 손재주로 하는 것이 아니다. 의지로 낳는 것이다.

9. 성공을 이미지화 하라

'그냥 걷다보니 눈앞에 성공이 있더라…' 따위는 일단 없다. 기획 초기에 '이 기획이 성공하면 이렇게 된다!'고 시각적으로 선명하게 이미지화하자. 확실히 이미지를 떠올리는 것은 성공으로 가는 길을 가깝게 한다.

나는 지금까지 '내가 하고 싶다!'고 생각한 것은 시각적으로 이미지화하도록 힘썼다. 신기하게도 당초에는 그저 이미지였던 것, 다시 말해 '희망적 관측'이었던 것이 현실에서 이루어진다.

　예를 들어 내 첫 저서인 《퍼미션 마케팅》을 쓸 때 컴퓨터 앞에 앉아, 당시 내가 살던 집 근처에 있던 서점 경제서적 코너에 내 책을 몽땅 배치하고 선전하는 영상을 열심히 이미지화했다. 몇 개월 후 내 책이 출간되어 서점에 갔다. 이후 이미지화했던 광경이 눈앞에 펼쳐진 것을 볼 수 있었다.

　「Palmtree Inc. 학문연구소」를 창업했을 때도 맨해튼을 내려다보는 창가 사무실에 책상을 놓는 모습을 끊임없이 이미지화했다. 이 또한 실현되었다. 현재는 진행 중인 고객의 새 점포 오픈 계획도 열심히 추진하는 가운데 손님이 밀물처럼 들어차는 모습을 이미지화한다.

　사람은 이미지화하면 한 발짝 실현으로 다가갈 수 있다. 뒤집어 말해 이미지화하지 않으면 실현 가능성은 극히 낮아진다.

10. Only One "뭐야, 이거!"

기획 품질을 간단하게 판단하는 방법이 있다. 기획을 본 사람이 '어떻게든 진행해보자'고 한다면 그 기획은 아웃이다. '뭐야, 이거?'라고 당혹감을 드러낸다면 그 기획은 대단히 잘 된 것이다. 세상에 단 하나뿐인 오리지널. 당신의 기획은 Only One이어야 한다.

기획회의에서 '팔리는 포인트'로 지적되는 것은 모두가 '현재 팔리는' 것을 뜻한다. 상사의 허가를 받기 쉽고 상사 또한 그 위 상사에게 설명하기 쉽다. 인간은 너무도 약한 존재여서 소위 말하는 '안전빵'으로 가고 싶어 한다. 그러나 좋지 않다. 기획을 들은 사람의 반응이 '좋군' '특별히 문제없는데'라고 말하면 자기 스스로 기획을 파기할 수 있을 정도의 각오를 가지자.

유명한 예술가 톰 피터스도 이렇게 말한다.

"모든 기획은 '전자현미경 테스트'에 합격해야 한다. 예를 들어 10개의 기획 중에 한 눈에 독특한 부분을 찾아낼 수 있는가. 아니면 전자현미경으로 봐야 각각의 차이를 구별할 수 있는가?"

오리지널이란 처음에는 기분이 나쁜 법이다. 세상에 처음

준비_낳다

생기는 것이니 당연한 일이다. 인간은 '어딘가에서 들은 적이 있다, 본 적이 있다'가 마음 편하고 기분 좋다. 그러나 즐겁지는 않다. 그 안에 있는 것은 단지 확인에 불과하기 때문이다. 확인 따위는 버리자. 목표로 삼는 것은 발견이다. 아무도 모르고, 아무도 체험하지 않은 발견. 그것을 당신이 창조하는 것이다. 가슴 설레지 않는가?

섹시한 기획

5 문제를 올바르게 세워라

비즈니스 세계에서 기회는 '시장을 만족시키지 못한
불만 · 불안 · 불편을 발견하고 아직 아무도 손을 대지 않은
백지에 점화'하여 생성된다.

좋은 기획과 그렇지 않은 기획의 차이는 '문제를 세우는
방법'에서 드러난다. 도대체 어떤 것인가.

예를 들어 「통신과 방송의 접목」이라 불리는 시대의 흐름
을 비즈니스 찬스로 삼는 신상품을 개발하라는 미션이 주어
졌다고 하자.

자주 대두되는 기획은

① TV 프로그램이 디지털화함에 따라 시청자와 쌍방향 대화

등이다. 그러나 어차피 문제를 세우는 것부터 시작하지 않았기 때문에 어떻게 해도 기존의 제품과 서비스를 바꾸거나 개선하는 정도의 발견에만 머물러 있어 임팩트가 있거나 반짝빛나는 힘은 부족하다.

또한 「통신과 방송의 접목」이 무엇을 의미하는지 그 본질을 파악하지 못한 기획만을 만든다. 그러므로 기획에 관련된 멤버 간에 의견 통일이 필요하다. 본질을 파악하는 방법이 처음부터 어긋나면 기획을 진행할수록 큰 균열이 되기 때문이다.

본질은 문제를 올바르게 세울 때 제 모습을 드러낸다.

이 경우의 올바른 문제 설정 방법은 이렇다.

‘통신과 방송의 접목이 실현되면 어떤 서비스가 소비자의 QOL을 올릴 수 있는가?’

비즈니스 세계에서 기회는 ‘시장을 만족시키지 못한 불만·불안·불편을 발견하고 아직 아무도 손을 대지 않은 백지에 점화’하여 생성된다.

그렇다면 통신과 방송 분야에서 고객들은 어떠한 불만·불안·불편이 있는지 생각해야 한다. 그러다보면 다음과 같은 아이디어를 낳기도 한다.

6 '여차!' 할 때를 기획해보자

소비자의 입장에 서서 문제를 올바르게
세울 수 있도록 매일 매일 훈련하자.
이것이 좋은 기획의 비결이다.

지진 및 화재 등의 천재지변이 발생할 때를 가정하자. 휴대폰은 물론이고 정전으로 전화, TV, 인터넷 모두 볼 수 없다. 유일한 정보원인 라디오만으로는 정보가 부족하다. 역이나 터미널 등의 교통 현장은 의외로 정보가 적다. 그렇다면 지인의 안부를 알 방법은 없는가. 내 안전을 어떻게 전해야 하나.

여기서 이 '불(不)'을 해결하는 기획이 탄생한다.

화재 시 불안을 해결하는 화재 TV

정전, 폭우가 쏟아져 흙탕물이 튀어 오르는 이 지독한 상황에도 쓸 수 있는 누전식 경량 휴대 TV. 튼튼하게 만들어져 물이 새거나 땅에 떨어지는 등의 충격에도 잘 견딘다. 평소에는 일반 TV지만 화재 시에는 '이것으로 안심!' 버튼을 누르면 화재모드로 전환되어 화면에는 GPS를 사용해 현재 위치의 지도가 표시되고 교통상황, 근거리의 화재정보, 시청의 발표, '무사한 사람들의 게시판' 등을 열람할 수 있다. 펜 터치식이라 휴대 게임기처럼 손으로 직접 입력할 수 있다. 화재 TV라는 하드웨어의 신 시장 개척과 함께 '화재네트'의 서비스이용료가 보험 대신 이용자에게 요금을 부과하는 방식의 비즈니스 모델로 삼을 수 있다.

소비자의 입장에 서서 문제를 올바르게 세울 수 있도록 매일 매일 훈련하자. 이것이 좋은 기획의 비결이다.

A 팥고물을 넣어라

여러분은 '핵심머리'라는 단어를 들어본 적이 있는가. 봐라, 노래의 시작부분에 후렴이 오는 구성이 있지 않은가?

비틀즈의 경우 〈She Loves You〉가 그렇다. 'She Loves You, yeah, yeah, yeah, She Loves You, yeah, yeah, yeah…'로 시작한다. 핵심머리란 곡에서 가장 '맛있게 들리는 부분'. 그것을 첫머리에 가지고 오는 것에서 그 곡의 독특함과 강한 인상을 남긴다.

모든 기획에는 '핵심머리'가 있어야 한다. 그래 모든 만담에서 마무리 우스갯소리가 있는 것처럼. 기획을 할 때 우선 핵심머리란 찐빵 속의 '팥고물', 고기만두의 '고기'를 말한다. 우선 '팔리는 포인트'를 만들어 그것부터 굳혀 가야한다.

그런데 많은 사람들이 '쌓아가는' 방식의 기획을 한다. 성실한 사람일수록 하나하나 쌓아 올린다. 이 접근방식의 결점은 '시간은 유한하다'는 냉혹하고 엄격한 현실 앞에 무력하다는 것이다. '시간이 부족하다'면 막다른 지경에까지 몰릴 수 있다.

그러지 말고 우선 핵심을 정하라. 이것이 이루어야할 목표이다. 이것도 하고 저것도 하고 여러 가지 욕심내지 말자. '단 하나'라도 좋다. 기획서를 본 사람이 바로 행동하고 싶어지게 하는 그런 발단, 이런 모티브를 얻었다면 바로 기획서를 써라.

B 오감을 자극하라

　기획서를 썼다면 반드시 체크하자. 체크 포인트는 '오감을 자극하는가'이다. 오감이란 후각(냄새가 나다), 촉각(만지다), 시각(보다), 청각(듣다), 미각(맛보다)이다.

　다음의 표는 어느 컨설팅회사에서 실제로 작성한 것이다. 과제는 상품 A와 상품 B가 협력해야 하는지에 관한 검토이다. A, B를 생산하는 기업은 각자 다른 업계에 있다. 다른 업종의 협력이다. 목적은 이를테면 '왜 협력해야 하는가'라는 '도대체 론(論)'에서 시작했다. 그러자 '서로 부족한 부분을 상호 보완할 수 있다면 좋겠군'이라는 목적이 떠올랐다.

　우선 각각의 오감을 5점 만점 기본으로 평가하고 그것을 오각형 그래프에 그려넣는다.

	Smell	Touch	Sight	Sound	Taste
A	5	5	5	2	3
B	5	1	2	1	1

(그래프는 『BRAND sense Build Powerful Brands through Touch, Taste, Smell, Sight, and Sound』 Martin Lindstrom, Free Press, 2005년을 참고했다)

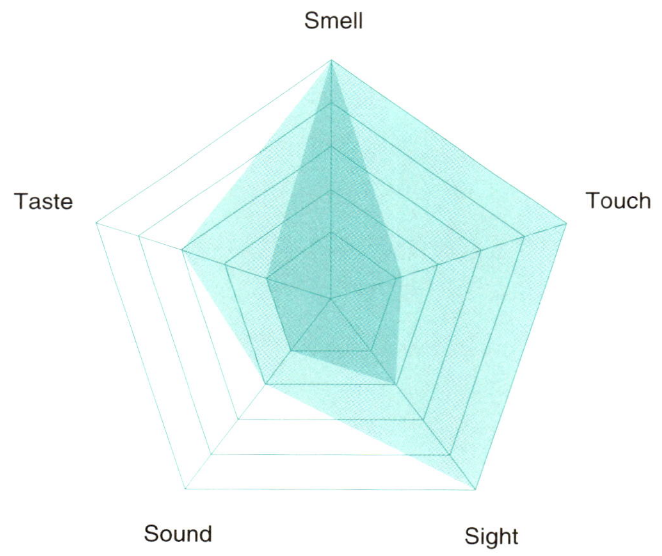

　조사결과 B에 부족한 부분을 A가 많이 가지고 있음을 알았다. 상세한 설명은 생략하지만 오감을 통해 체크하고 이를 그래프로 시각화하면 알기 쉽고 상대방에게 전달하기도 쉽다. 오감으로 체크하고 시각화하자. 이것이 '섹시한 기획 만들기'의 비결이다.

2장

실행_기르다

실행은 '한다', 즉 'Do'의 단계이다.
기획 '한다' 중 여기서는 '기르다'에 대해서 알아본다.
낳은 기획은 그냥 내버려두면 자라지 않는다.
기르는 데도 요령이 있다.

1 낳은 기획을 어떻게 기를 것인가?

1. 컴퓨터를 꺼라

직접 손으로 쓴다.

커다란 종이와 크레파스를 준비하자. 거기에 끄적끄적 그린다. 쓴다기보다 그린다라는 이미지이다. 컴퓨터는 켜지 마라. 컴퓨터는 에디터건 한글 워드건 모두 소프트웨어 설계자의 기획 안에 내 발상을 집어넣어야 하지 않는가?

예를 들어 ●1이라고 쓰고 '엔터' 버튼을 누르면 자동적으로 아래의 행에 ●2라고 뜨기도 한다. 그러나 이건 아니다. ●1의 다음은 ●1.28951이 나올 수도 있다.

이것이 바로 기획인 것이다. 작게 정리해선 안 된다. 마음 먹고 머릿속의 것을 모조리 털어낼 생각으로 갈겨 써보자.

덧붙여서 말하면 이 책의 원본이 된 텍스트는 세미나 참가자의 인원수만큼 내가 전부 손으로 쓴 것이다. 손수 써보면 '여기는 강조하고 싶군' 혹은 '이 부분은 약하게'라며 마치 음악을 연주할 때처럼 강약이 느껴진다. 이 점이 중요하다.

바흐도 모차르트도 존 레논도 피카소도 모두 자신이 손으로 직접 써서 창조했다. 컴퓨터에서 벗어나자. 컴퓨터 '에게' 내 자신을 맞추지 말자.

2. 말하는 단어로 만들어라

기획을 구어 즉 말하는 단어로 만들어라. 실제로 가까운 사람에게 말해보자. 글로 쓰는 말은 이론으로 연결되어 있어 깨끗하게 정리된 느낌이다. 그러나 이를 말하는 단어로 바꾸는 순간 색이 바라는 경우가 있다. 왜냐하면 이론만으로 구성되어 인간의 감정을 울리는 로망스나 열정과 같은 신비한 힘이 사라지기 때문이다. 말로써 상대방의 이해를 얻었다면 당신의 그 기획은 전도유망하다!

3. 비판의 소리는 부모님이다

기분을 언짢게 하는 비판의 소리는 기획을 멋지게 길러주는 부모와 같다. '좋잖아' '좋네'만으로는 기획의 품질이 향상되지 않는다.

기획의 허를 찌르고 단점을 지적하는 사람을 찾아라. 그리고 팀원으로 맞아들이자. 이렇게 생각하면 평소 찬성을 잘 해주지 않는 상사도 내 기획을 향상시켜주는 사람이라는 사실을 알게 된다. 어떤가? 이렇게 생각하면 화가 나지 않는다.

4. 초보자도 이해할 수 있어야 한다

비판을 하는 사람과 동시에 업계 신입의 의견도 듣자. 친정어머니에게 전화해 설명하고 이해시킬 수 있는가? 애인에게 말해보자. 말하는 사이에 그녀(그)의 눈이 빛난다면 대성

섹시한 기획

공이다. 지루해한다면 아직 멀었다. 부족하다는 증거다.

초보자를 이해시킨다는 것은 무엇을 의미하는가. 초보자가 이해하는 것은 기획이 업계에서만 통용되는 용어나 문법으로만 만들었나를 체크하는 리트머스 용지와 같은 역할을 한다. 그러므로 초보자까지 이해시킬 수 있는 기획을 길러내야 한다. 우선 언어를 바꿔보자. 이야기의 전제를 다시 살펴보자. '분명히 알고 있을 것'이라는 전제 따위는 금물이다. 초보자는 모른다. 전제가 붕괴되면 기획 자체가 모두 무너져버린다.

OK?

5. 다양한 사람과 함께 하라

모든 일이 다 그렇듯 기획도 혼자서는 할 수 없다. 당신 주위에 누가 있는가가 기획 품질을 결정하는 중요한 요소다. 이는 같은 회사 동료만을 뜻하지 않는다. 프로젝트 중에 회사 밖에서 도움을 받는 일은 흔하다. 확실히 내가 컨설팅을 할 때도 느끼는 바다. 기획을 성장시키기 위해 누가 우리 팀

실행_기르다

에 있어야 할까. 이를 생각하는 것도 중요한 기획력 중의 하나다.

내가 팀 인원을 채용할 때 항상 마음 쓰는 부분은 다양성이다. 스포츠웨어 신제품 개발 컨설팅을 할 당시 프로젝트 멤버들에게 '전원 다른 지식을 지닌 멤버'를 찾으라고 지시를 내렸다. 사실 찾는 핵심 인력은 디자이너지만 이 외에 건축, 음악, 지구과학, 물리, 수학 등의 지식을 가진 멤버들이 모였다. 결국 독창적인 제품이 탄생해 현재 업계 최고 매출을 자랑하는 회사로 성장했다. 다양성을 중요시하자.

6. 사지 않은 사람을 관찰하라

기획의 목표를 어디에 둘 것인가. 성공 이미지는 시각화하는 것이 좋지만 성공적인 기획을 위해서 목표란 검증 가능한 수준으로 설정해야 한다. 가능한 '숫자'로 설정하자. 목표가 '100명 모으기'라고 할 때 결과적으로 60명밖에 못 모았다면 '40명을 못 모은 이유는 무엇인가'를 다음에 되묻고 반성할 수 있다.

섹시한 기획

실패는 기획을 단련시키는 매우 중요한 요소이다. 부족한 40명이 이후 성공의 비결을 가르쳐줄 것이다. 이는 전문 용어로 말해 '논 커스터머(non customer)', 즉 사준 사람이 아닌 사지 않은 사람. 마케팅 전략 측면에서 볼 때도 논 커스터머에 대한 관찰은 중요하다.

7. Do Not 리스트를 작성하라

아직 기획에 익숙지 않은 사람일수록 '이것도 하겠습니다' '저것도 하고 싶습니다'라며 몰두하게 된다. '해야만 할 일(To Do 리스트)'은 누구라도 작성할 수 있다. 그러나 기획력을 향상시키기 위해 필요한 것은 '이 기획을 실현하기 위해 하지 않아도 되는 것'을 확실히 아는 것이다. 'Do Not 리스트'를 적을 수 있다면 자연스럽게 기획은 성장할 것임에 분명하다.

하지 않아도 되는 일을 알려면 기획 전반을 이해해야 한다. 기획은 분명 무언가의 문맥 속에 존재한다. 예를 들어 페트병 녹차 개발 기획을 한다면 당연히 판매 최전선인 편의

실행_기르다

점이나 슈퍼마켓을 확실히 취재하고 현재 시장에 유통되는 차 관련 모든 제품을 머릿속에 넣어야 한다. 상품지식, 판매 현장, 구매층, 각사의 광고에 관한 지식 등등. 이 모든 것이 문맥에 속한다. 이것들을 통해 상품의 위치 설정(포지셔닝)을 한다.

어떤 고객을 타겟으로 삼을 것인가와 동시에 '타겟으로 삼지 않을 계층'도 파악해야 한다. '전 국민이 사길 바란다' 라는 설정은 태만이다. 이렇게 타겟을 설정하면 광고나 판매 루트도 자연히 설정 범위가 줄어든다. 하지 않아도 되는 일 이란 바로 그런 것을 말한다.

8. 장애물 놀이를 즐겨라

기획이 목표에 도달할 때까지 허들은 몇 개나 있을까. 그 높이는? 길게 생각하지 말고 바로 대답해 보라. 돈일 수도 시간이 부족할 수도 혹은 사람의 문제일 수도 있다. 리스트 업 해두길 바란다. 물론 이런 장애물이 있어 기획 품질이 떨어지는 것은 아니다. 장애물은 어떤 기획에도 존재한다. 중요한

섹시한 기획

사실은 그 장애물이 내 자신에게 보이는가 하는 것이다.

기획 초기 단계에서 예상되었던 장애물이 실제 진행 단계에서는 늘어나거나 혹은 줄어드는 경우가 있다. 난항을 거듭할 것이라 예상했던 신제품 과자를 뜻밖에 빨리 제조하게 된 경우는 허들, 즉 장애물이 줄어든 성공적인 사례이다.

반대로 생각지도 못한 허들이 앞을 가로막을 때도 있다. 외국에서 프로젝트를 진행할 때 그곳 스텝들이 노조 문제로 밤 9시 이후는 일을 하지 않는다는 사실을 현지에 가서 들었다. 그렇다고 '이봐, 어떻게든 해줘'라는 대응은 외국인에게 절대 통하지 않는다.

장애물이 사전에 보인다 해도 그것은 짐작일 뿐이다. 유연하게 허들 놀이를 즐기자.

2 냉장고를 뒤집어라

눈앞에 있는 기획을 결과가 보일 때까지 끈질기게 토론해본다.
그러다보면 무엇을 실현하고 싶은지가 나온다.
특히 이 시점에서 돈이 연관되면 눈이 흐려지고 구실이 늘어난다.

1. 냉장고 신드롬

우선 '오늘 저녁은 뭘 먹기로 하자!'고 정하고난 후 냉장고를 열자. 냉장고를 들여다보고 '이거랑 이거, 이게 있으니까 그럼 저녁밥은 파스타'라고 '있는 재료'만으로 기획을 제한해서는 안 된다. 이것을 '냉장고 신드롬'이라고 부른다. 이런 것들로 인해 기획이 업계 내에서 재탕된다. 먼저 '만두로 하자!'고 결정하라. 냉장고에 무엇이 있는지는 상관없다.

만들 요리 결정 ⇨ 냉장고 안 재료 재고 조사

2. 제약 조건을 달아보자

가장무도회를 기획했다고 하자. 분위기를 고조시키려면 조건을 달도록 해라. 엊그제 무심코 참석한 파티에서는 '고양이가 되자'가 조건이었다. 이것이 파티의 성공으로 연결된다. '무엇이든 있다'는 '아무것도 없다'와도 같다.

예를 들어 기획한 문구에 '신장 180센티 이상인 사람 전용'이라는 조건을 달아보자. 그러면 당신의 기획은 어떻게 바뀔까, 혹은 바뀌지 않을까, 그럼 이유는 왜일까, 생각해 보자.

3. 제약 조건을 없애보자

기획에 제약 조건이 없다고 가정해보자. 예산, 납기, 인원 모든 것이 당신 마음먹은 대로 할 수 있는 신의 입장에 서있다고 해보자. 이런데도 지금 손 안에 있는 기획이 바뀌지 않을까. 만약 바뀌지 않는다면 그 기획은 대 성공이다. '예산이 없어서 기획이 잘 안 풀린다'는 것은 단순한 변명임을 알 수 있다.

　다음은 내가 회의에서 자주 쓰는 방법이다. '돈 걱정은 하지 마. 돈은 어디서든 나온다고, 그래 뭘 하고 싶어?' 이렇게 하면 기획의 본질이 보인다. 눈앞에 있는 기획을 결과가 보일 때까지 끈질기게 토론해본다. 그러다보면 무엇을 실현하고 싶은지가 나온다. 특히 이 시점에서 돈이 연관되면 눈이 흐려지고 구실이 늘어난다.

4. 팩트(Facts, 사실성)를 쌓아가자

　기획에 사실성의 두께는 어느 정도인가. 기획을 기르는 최종 마무리는 사실성의 보강이다.

　작성은 다음과 같이 하는 것이 좋다.

　〈이 기획안을 위해 우리 프로젝트 멤버 4명은 A 놀이동산에 6월부터 8월에 걸쳐 5일간 4명 총 합계 160시간을 체재하며 게스트와 캐스트 쌍방을 관찰했다. 그 인원수는 500명이다. 참고도서로 읽은 책은 9권으로 모두 합치면 4,700페이지이다〉

　숫자와 고유명사를 넣는 것이다.

‘오늘은 춥다’라고 말하기보다 ‘오늘은 어제보다 2℃ 내려가 춥다’가 보다 구체적이고 알기 쉽지 않은가?

다른 작성 방법과 비교해보자.

〈우리 프로젝트 멤버는 A 놀이동산에 며칠씩 가서 많은 사람을 관찰했습니다. 관련도서도 많이 읽었습니다〉

엄청난 차이가 있다. 여기서 신경을 써야 할 부분은 숫자이며 사실에 대한 개인의 가치판단을 넣지 않는 것이다.

〈이 기획을 위해서 우리 프로젝트 멤버 4명은 A 놀이동산에 6월부터 8월 사이에 5일간이나 체재했으며 이는 4명 모두 합계 160시간이라는 엄청난 시간입니다. 우리 멤버는 거기서 게스트와 캐스트 쌍방향을 모두 관찰했습니다. 그 인원수는 500명! 참고도서로 읽은 서적은 9권이며 4,700페이지에나 이릅니다〉

굵은 글씨체 부분은 어차피 필요 없다.

A 나쁜 사람이 되자

좋은 사람이 되면 안 된다. 악인이 되라.

기획은 좋은 사람에게서 길러지지 않는다.

기획을 성장시키는 것은 나쁜 사람이다.

여기서 '좋다·나쁘다'는 선악의 가치판단을 말하는 것이 아니다. 합의(consensus)중시형을 '좋은 사람', 다른 의견 내세우고 이의를 제기하는 사람을 '나쁜 사람'이라고 한다.

'좋은 사람'은 전 방위 외교를 잘 하며 상사나 부하, 거래처에서도 사랑받는다. 그러나 이런 사람들의 이야기는 재미없다. 어딘가에서 들어본 적이 있다는 '데자뷰 감각'이 있기 때문이다. 대부분은 경제서적이나 잡지, 신문의 인용 등에 나오는 내용이라 물론 들은 적도 있을 것이다.

한편 '나쁜 사람'은 균형 감각이 부족하다. 사람들이 일반적으로 생각하지 못하는 방향에서 볼을 던진다. 그러나 심기를 불편하게 하는 비판자를 환영하고 다른 의견을 받아들이는 도량이 있다. 또는 자기 스스로 다른 의견을 제시하고 새로운 시점으로 눈뜨게 한다.

GM의 알프렛 P. 슬론은 임원급 회의에서 "본 건에 대해 전원이 합의했다고 봐도 되겠습니까"라고 물었다. 책상을 둘러싼 전원이 고개를 끄덕일 경우 "그렇다면 본 건에 대해 재검토하고 이견이 나올 때까지 시간을 가지도록 합시다"라고 결정을 유보한다. '전원 일치'라는 의사결정의 위험성을 알고 있기 때문이다. 나는 이 이야기를 피터 드러커의 책에서 봤는데 드러커는 이 자세를 다음과 같이 말하고 있다.

Organize Dissent

The effective decision-maker organizes dissent.

의도적으로 이의(異議)를 불러일으켜라

멋진 의사결정자는 반대 의견을 효과적으로 사용한다.

B 다수결을 배척하라

우리들은 어린 시절부터 다수결에 익숙하다. 그러나 숫자가 많다는 것이 의사결정의 품질과 비례할까. 오히려 '무난하고 안전한' 결과가 될 폐해가 크다. 다수결 사상을 배척하자.

C 경험을 통해 발상하라

IBM의 Think Pack은 모바일을 전제로 설계한, 그것도 오랜 세월의 경험이 누적되었다.

이 누적된 경험이 어디서 빛을 보냐하면 바로 전원 코드이다. 노트북은 들고 다닐 때 불편하면 접기 마련이다. 이 '항상 접는 것'을 설계 당시부터 생각했다. 그래서 몇 년을 사용해도 들고 다니기 힘들어 녹초가 되는 일은 없다.

그런데 타 제품 중에는 '항상 책상 위에서 깨끗하게 펼쳐 사용한다'라는 전제만을 설계에 반영한 것들이 있다. 그것들을 여기 저기 들고 다니다보면 산 지 반년도 채 되지 않아 코드가 꼬이거나 끊어져 버린다.

이렇듯 물건을 만드는 설계 단계에서도 경험이 중요하다. 그러므로 경험을 많이 쌓아서 그 경험을 활용해 발상해야 한다.

그렇다면 '경험을 통한 발상'과 '이전의 재탕'은 어떻게 다를까.

이를테면 발상의 출발점부터 다르다. 경험을 예금 잔고라고 보고 조금씩 계속 빼내가는 방식이 재탕이다.

언제나 미래지향적으로 생각하고 경험은 미래를 위한 수중의 카드라고 생각하며 지금 내가 무엇을 할 수 있는지 확인하며 재고 정리를 한다. 그 후 어떤 방법으로든 경험을 활용해 새로운 것을 창조한다. 그 결과 나만의 Only One을 낳는다. 바로 이런 자세가 '경험을 통해 발상하는 것'이다.

3장

실행_정리한다

지우고 지우고 또 지워라

꼭두각시가 되지 말라

창조는 똑같은 것이 없다

피할 수 없다면 즐겨라

기획을 어떻게 정리할 것인가

한창 기획에 몰두하고 있을 때 거울을 보자.
미간에 주름이 그려지지 않았나? 찌푸린 얼굴이지 않은가?
그런 모습으로 전념한다고 해서 제대로 된 기획이 나오겠는가.

기획을 정리할 때 체크해야할 포인트 4가지

something simple   심플하다

something new   새롭다

something different   다르다

something fun   즐겁다

1. Simple

심플한가?

심플은 아름답다. 아름다운 기획은 고품질이다. 수학문제의 해답이 심플하다면 정답으로 봐도 좋다.

아인슈타인의 상대성이론 $E=mc^2$의 아름다움은 어떤가. 깔끔한 단 5글자로 우주의 원리를 설명하고 있다. 나는 $E=mc^2$을 보면 반야심경이 연상된다. 반야심경도 수천 권의 불전을 268문자로 응축하지 않았는가. 심플하지만 깊이가 있다.

지금까지도 우리를 매료시키는 비틀즈의 음악은 기타 두 대와 베이스 그리고 드럼이다. 그 악기 위에 보컬이 흐를 뿐인 심플한 구성이다.

일단 기획안을 완성했다면 삭제하는 작업을 하자. '단 한 가지만 쓸 수 있다면 무엇을 남기겠는가'라고 생각하며 기획에 담을 요소에 우선순위를 주자. 지우고, 지우고, 또 지운다. 그래도 아직 담고 싶은 요소가 있다면 그것이야 말로 그 기획의 혼이다.

사람들이 자주 묻는 질문, "A4 한 장으로 정리하는 것과 심플한 것과는 다른가?”

좋은 질문이다. 대답은 간단하다.

‘A4 한 장으로 정리하는 것’이 목적이 되어서는 안 된다. 기획을 꿰뚫는 혼이 심플한 것과 A4 한 장으로 기획을 정리하는 것은 별개의 문제이다. 정리할 수도 정리하지 못할 수도 있다.

이건 어떻게 되든 상관없다. 기획을 심플하게 할 때 주의해야 할 점은 어디까지나 ‘탁’하고 반응이 오는 확실한 혼을 찾는 것이다. 단지 단어의 수나 행수를 늘리고 줄이는 등의 형식적인 측면은 아니다.

2. New

새로운가?

기획에서 ‘증거’를 요구하면 안 된다. ‘약속’을 기대하지 말자.

‘통하는 기획’을 만들자고 생각했을 때부터 당신은 관객의 기대를 받기 위해 춤을 추는 인형, 즉 꼭두각시가 되어 버

섹시한 기획

린다. 그것은 상사이거나 동료, 고객이기도 하다.

남에게 빌붙어 무언가를 얻으려는 정신은 필요 없다.

누군가를 신경 쓰거나 남을 흉내 내기 위해 당신은 오늘 아침 침대에서 일어나지 않았다.

기획은 통하게 하기 위해 있는 것이 아니다. 당신 생각을 세계로 발신하기 위해 있는 것이다.

통하게 하기 위해, 누군가의 '기대'에 부흥하기 위해 하는 기획은 그만두자. 당신의 중요한 시간을 이런 것에 낭비하지 말자.

3. Different

다른가?

다른 것을 창조하기 위해 기획은 존재한다. 데자뷰를 위해서가 아니다.

이런 이야기가 있다. 프로야구가 아직 활성화되기 전의 일이다. 당시 라디오로 프로야구 경기를 중계하던 아나운서가 말했다.

'투수 던졌습니다'

잠시 침묵.

야구 글로브에 공 넣는 소리를 4번 들려준다.

'들으신 바와 같이 볼넷입니다'

청취자는 투수와 포수, 타자 간의 감정, 시합의 흐름, 다른 선수들의 기분, 구장을 둘러싼 공기 등 이 모든 것을 느끼기 위해 온 몸의 힘을 귀에 집중하고 상상력을 총동원해 라디오를 들었음에 틀림없다.

자연히 귀에 들어온 소리는 '듣다'라는 자세로 바뀌었을 것이다. 청취자는 소리만으로 구장의 현장감과 시합의 박진감, 긴장감을 느낄 수 있다.

Different한 기획의 좋은 예이다.

4. Fun

즐거운가?

기획은 즐거워야 한다. 단지 기획의 결과를 기다리는 고

섹시한 기획

객만이 아니다. 기획을 만드는 당신 본인부터 즐거워야 한다. 기획을 즐기려면 평소에 사고 훈련을 해보자.

예를 들어 가정은 어떤가. 당신은 할아버지에게 막대한 유산을 상속받았다. 그 돈으로 A 놀이동산의 운영권을 샀다. 오늘부터 A 놀이동산은 당신 소유. 그런데 당신이라면 어떻게 할 것인가.

나는 이 책을 쓰기 위해 「존 레논 뮤지엄」에 간 적이 있다. 너무 좋아하고 존경해마지 않는 존 레논을 만날 계획을 세웠다. 존이 태어나서 죽을 때까지의 모습을 훌륭하게 전시한 것을 보고 나라면 어떻게 전시하고 해설을 첨가할까…… 생각하며 견학을 했다. 이렇게 자신이 좋아하는 필드에서 즐겨 보자.

한창 기획에 몰두하고 있을 때 거울을 보자. 미간에 주름이 그려지지 않았나? 찌푸린 얼굴이지 않은가?

그런 모습으로 전념한다고 해서 제대로 된 기획이 나오겠는가. 지금 당장 책상 위를 정리하고 거리로 나가라, 또는 바다도 좋다.

기획은 기획을 만드는 사이에 그 품질이 결정된다. 기획하는 동안 내 자신이 너무 즐거웠다면 그 기획은 대성공, 하지만 그 반대라면 무참한 결과를 낳는다.

기획을 즐기자!

A 신내림을 기다린다

어느 작가가 한 말이다. 그 작가는 글을 쓸 때 가속력이 잘 붙질 않는다고 한다. 그럴 때 그는 그저 쭈욱 기다린다고 한다. 기다리고 기다리고 또 기다린 다음 '머리 위에 뭉게뭉게 뭔가가 내려오는 때', 그 작가는 이것을 '신이 내렸다'고 표현한다, 이런 현상이 나타나면 그의 집필은 시작된다.

밴드에서 연습할 때 가끔 멤버 전원이 무언가에 씌인 것 같은 경험을 한다. 나중에 차를 마시면서 얘기하다보면 서로 '그 때 신이 내렸었나봐'라고 말하곤 한다.

기획 재료로 이것저것 반죽한다. 대강의 줄거리를 만든다. 그런데 정작 정리할 때가 되면 콱 막혀 전진하지 못 할 때가 있다. 이럴 경우 다음에 소개하는 방법을 사용해보라. 당신도 신내림을 기다려보길 바란다. 어떻게든 형태만을 갖추어 상대를 납득시키는 것은 불가능하다. 때론 때를 기다리는 것도 필요한 법이다.

B 환경을 바꾼다

기획을 정리할 때 혹은 정리가 잘 안 될 때 뭐 언제든지 상관없지만 이럴 때는 평상시와 다른 환경을 만들어보는 것이 좋다.

● **도구를 바꾼다**

예를 들어 보통 때 PC로 작성했다면 직접 손으로 써보자. 그리고 손으로 쓴 것을 컴퓨터로 완성한다.

파워포인트가 익숙해도 도표 없이 모두 문장으로 표현하는 등 새로운 시험을 해보자.

● **장소를 바꾼다**

나는 이 책을 이시가키섬에서 썼다. 장소를 바꾸는 것이 '신내림'의 계기가 되기도 한다.

난 이 책을 집필하기 위해 이시가키섬만이 아니라 존 레논 뮤지엄, 아이치 세계박람회, 놀이동산, 연극 공연장, 집 근처 바다 등 여기저기 가리지 않고 다녀왔다.

장소를 바꾸면 시점이 바뀐다. 뇌 또한 평소에 쓰지 않던 다른 부분이 활성화된다.

다양한 것을 보자

아이치 세계박람회에 갔을 때 자동차관이나 미래관 등은 인기가 많아 줄을 오래 서야 했기에 처음부터 배제하고 아시아, 유럽, 아프

리카 등 그리 익숙지 않은 나라의 전시관을 꼼꼼히 둘러봤다. 그런데 이것이 기획 공부가 되었다.

인상적인 전시관과 그렇지 않은 전시관의 차이는 바로 '기획'을 넣었는가의 유무에 있었다. '돈을 썼나 안 썼나'의 문제가 아니다.

네덜란드 전시관을 예로 들어본다. 네덜란드는 우리에게 익숙한 풍차, 튤립, 토끼 미피 등 '자랑거리'가 가득하다. 그 중에서 네덜란드 전시관은 '물의 나라'라는 테마로 기획되었다. 영상자료로 네덜란드가 물의 나라임을 알렸다. 이 깨끗한 이미지가 관람객의 이해를 도왔고 마음의 울림까지 있었다.

나는 함께 간 친구들과 '우리나라 전시관을 직접 기획한다면 어떻게 만들까'에 대해 각자의 아이디어를 말해보기로 했다. 이런 사고 훈련이 바로 기획력 단련으로 이어진다. 다양한 시각으로 보는 것은 매우 중요하다. 그러나 단지 보는 것으로만 끝나면 소용이 없다. '나라면 어떻게 기획할까'라는 의문을 가지고 바라보라. 공부를 떠나 이런 자세가 즐거움도 낳는다.

4장

실행_판다

팔리는 기획만이 존재할 가치가 있다.

매력적일 때 그것은 가능하다.

섹시하지 않으면 관심을 끌 수 없다.

자신의 기획이 섹시하다고 믿는가.

그렇다면 이제 누군가를 찾아가 팔아야 한다.

기획은 팔려야 한다

아무리 좋은 기획이라도 팔리지 않으면 의미가 없다. 독선은 금물이다.

'자신의 생각이 제일 중요해. 다른 사람들 마음에 들게 기획하지 말라고 했잖아. 뭔가 이상하지 않아?'

좋은 이야기이다. 분명히 주인공은 기획을 아는 놈이다. 그러나 당신의 기획이 팔릴 것인가와 '타인의 마음에 드는 것'은 별개이다. 기획은 당신의 생각을 세상에 발신하고 실

섹시한 기획

현하기 위해 존재한다. 발신에는 수신이 있어야 하고, 실현에는 대가가 있어야 한다. 이 점이 업무로써의 기획과 취미와의 차이이다.

'아무도 받아들여 주지 않지만 내가 즐거우니 괜찮아. 이해받지 못하고 돈도, 응원의 말도 듣지 못하지만 그래도 내 자신이 좋으면 그것으로 괜찮아'

제발 부탁이니 이처럼 취미가 되지 않길 바란다. 이 책에서 말하는 기획은 어디까지나 업무로써의 기획이다. 세계를 바꿀 것 같은 혹은 세계를 바꾸겠다는 것은 다시 말해 사람의 마음을 바꾼다는 뜻이다.

기획을 판다는 것은 당신의 발신이 수신되고, 당신의 기획이 실현될 때 대가(그것이 돈이든, 응원이든, 정보이든)를 얻을 수 있다는 의미이다.

그럼 어떻게 하면 팔리겠는가.

귀를 쫑긋 세우고 들어보라. 그럼 시작해볼까.

1. Sexy하라

섹시한가. ‘올바른 것’ 또는 ‘맞는 것’이 곧 섹시는 아니다.

‘몸에 좋지 않은 것일수록 맛있다’는 말이 있듯이 술 취한 밤에 먹는 라면이 매혹적이다. ‘몸에 좋지 않으니 밤 10시 이후 아무것도 먹지 말자’. 옳은 말이다. 그러나 절대 섹시하지 않다. 이런 말을 해대는 사람과는 친구가 될 수도 없다. 기획도 마찬가지다. 올바른 것만 쓰는 것, 매력적이지 않다.

시인 랭보가 말한다.

지금은 할 수 있는 한 몸을 망가뜨린다

왜냐하면 나는 시인이 되기로 마음을 먹었으니……

팔리는 기획은 섹시하다. 친구 M씨는 천연재료만을 사용한 오일을 영국 업체와 협력하여 판매 중이다. 젊은 여성을 중심으로 아로마가 ‘일상생활의 치유’에 도움이 된다고 해서 인기이다. 그런데 '자연' '유기농' 관련 사업은 곧잘 '자연친화주의'라 불리며 '자연을 배려하고 사람에게는 엄격하다'는 성향으로 빠지게 된다. 특징 없는 상품 디자인이나 무미건조한 인테리어, 건강에는 좋을지 모르지만 맛은 없다는 점은 결코 섹시하지 않다. M씨는 이런 점에 빠지지 않기 위해 노력했다. 상쾌한 디자인, 세련된 내장지를 사용한 가게, 최고급의 상품과 신선한 향기. 즉 이런 것들이 기획을 섹시하게 만든다. 덕분에 M씨의 회사는 격전의 아로마 시장에서 발군의 실적을 올리고 있다.

2. 지도를 그려라

여기서의 지도는 인맥지도를 말한다. 인맥은 명함의 숫자가 아니다. 질을 따지자. 사람은 '지식'의 원천이다. '그 사람을 어떻게 기억할 것인가'를 우선 생각해야 한다. 다시 말해 상대방이 당신을 어떤 '지적 가치'로 기억해주길 바라는지 생각해봐야 한다. 명함을 교환할 때 얼굴과 이름 다음에 기억해야 할 것은 '그 사람의 지적 가치가 뛰어난 부분이 무엇인가'이다.

그리고 그 지적 가치의 파악은 그대로 내버려 두지 말고 '지식'과 '지식'을 상호간에 링크하여 생명을 불어넣어라.

큰 노트에 A씨의 이름과 이미지를 그리고 그 옆에 '뛰어난 지적 가치 분야'를 적는다. 그리고 다른 누군가와 링크할 수 없을까 생각한다. 링크는 살아 있는 생물이므로 다음에 지우거나 더할 수 있도록 연필로 선을 긋자. 이렇게 완성된 인맥지도는 기획 완성단계에서 '누가 내 기획에 흥미를 가질 것인가'라는 작전을 세울 때 매우 유용하다.

그리고 이 지도는 평상시에 갱신해두자. 갱신 이유는 첫째 '그 사람이 가진 지식 업그레이드', 둘째 '링크의 갱신'이다. 첫 번째 갱신이 잘 안 될 경우는 A씨가 지적 노력을 게을리 한다는 증거이다. 어쩌면 당신의 도움이나 조언을 필요로 할 수도 있다. 두 번째 갱신이 어려울 때는 당신 자신의 지적 갱신이 멈추었기 때문이다. 이 경우는 반대로 주위의 생기 넘치는 친구에게 상담을 받아라.

섹시한 기획

3. 많은 미디어와 친해지자

당신은 몇 개의 미디어와 접속하는가?

접하는 미디어의 수가 많을수록 전략적 자유도가 높다. 그리고 기획에 적당한 미디어는 따로 있다. 내가 운영하는 이메일매거진 《Surfin》은 이메일이 최적의 환경이다. 이제까지 많은 출판사와 회의를 거듭했지만 '길게 남는' 종이 미디어는 적합지 않다는 판단이 들어 향후 출판은 하지 않을 생각이다. 즉 신선도가 생명인 이메일매거진이 최적의 미디어이다. 소리, 문자, 영상 어느 것이든 상관없다. 최대한 접속하는 미디어 분야를 늘려보자.

4. 멀리 있는 친구를 가지자

친구는 많을수록 좋지만 같은 회사, 같은 업계에 친구가 많은 것은 그리 대단하지 않다. 기획을 팔 때 중요한 점은 '얼마나 멀리 친구가 사는가?'이다. 물론 여기서 '멀다'는 말은 단순한 거리 개념이 아니다. 다름의 개념이다.

시스템 엔지니어인 당신이 주말에 가끔 함께 지내는 화가 친구가 있다거나 가족과 바비큐를 즐길 목수 친구가 있다면 더할 나위 없다. 기획을 팔자. 양질의 기획은 다름과 섞임에서만 탄생하지 않는가?

5. 굳게 믿자

그냥 믿는 것만으로는 부족하다. 굳게 믿자.

자신 스스로 믿어 의심치 않는 기획이라면 설득력은 알아서 생긴다.

'너무 믿으면 반론을 들었을 때 의기소침해져 불안감만 가득해진다고요……'

그런가? 그럼 당신은 반론이 나쁜 것이라고 생각하는가? 아니다. 그렇지 않다. 사전에 모든 기획에 반론은 있다고 알아 두어야 한다. 이것을 충격 완화를 위한 충격흡수장치로 생각하라는 뜻은 절대 아니다. '1+1=2'라는 분명한 기획이라면 반론은 없을 것이다. 그러나 이 책에서 줄곧 말한 것처럼 좋은 기획은 기획한 사람의 몸에서 자연스럽게 배어나오는 감정에서 탄생한다. 그러니 얼마든 주물러 댈 수 있는 것이 기획이다.

　왼쪽 혹은 오른쪽을 선택해야 할 때 당신의 기획은 오른쪽이다. 그러나 왼쪽이라는 반론에 그럴 수도 있다는 반응이 좋은 기획의 성질이고 본질이다. 다시 말하지만 '누가 봐도 오른쪽'이라는 결론이 나오는 기획은 일부러 기획할 필요가 없다.

　반론은 있다. 있는 것이 당연하다. 그러므로 당신은 흔들리지 않기 위해 굳게 믿어야 한다.

　OK?

2 친구를 꾸며내다

누가 협력자가 될 것인가. 기획 단계에서 시각화하라. 이 것이 '친구 꾸며내기'이다. 프로젝트를 발족할 때 누가 적임자인지를 생각하라. '필요한' 사람을 적어보자. 또한 프로젝트는 단독으로 존재하지 않는다. 누가 서포터가 될 것인가. 적어보자. 만약 적지 못한다면 지금은 기획을 할 때가 아니다. 아무리 기획 내용이 좋아도 이 '사람들'이 없다면 기획은 숨 쉬지 못 한다.

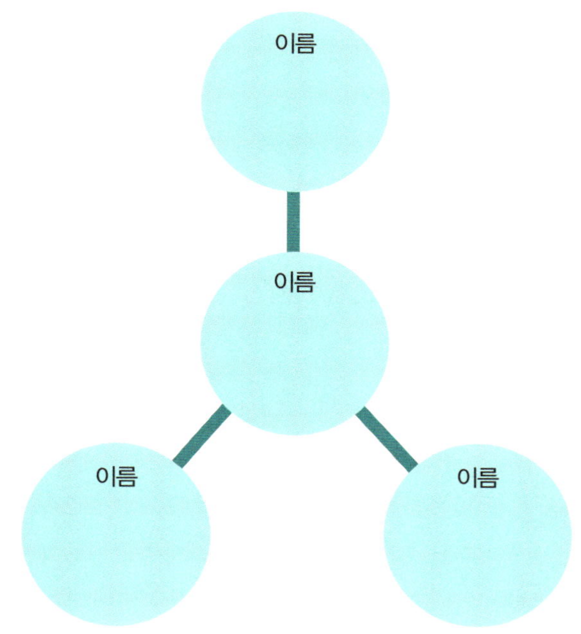

서포터				

*복사해서 사용하라!

A 말려들자

《프랭클린 플래너》에 다음과 같은 문구가 있다.

> 이야기는 듣기만 하면 잊어버린다.
> 보여주면 기억한다.
> 말려들었다면 진심으로 안다
>
> 말려들자.

B 탁월한 프레젠테이션 능력

● 듣게하라

당신의 기획은 귀로 들어서 충분히 이해할 수 있는가.

사람들이 자주 언급하는 프레젠테이션의 비결 중 하나는 슬라이드(PPT) 사용법이다. 그러나 가장 중요한 것은 '말하는 사람', 더 자세히 말해 '기획자의 말에 무게가 있는가'이다. 슬라이드는 사용할 필요가 없다.

라코쿠(일본에서 유명한 만담) 전문가가 파워포인트를 쓰는가? 무형문화재인 라코쿠 예능가의 말이 마음에 와 닿는 이유는 그의 말에 무게가 있기 때문이다. 그리고 이 '말의 무게'는 지식의 양이 아닌 인간으로써의 힘, 매력, 오랜 기간 쌓아온 경험, 실패하고 흘린 눈물, 아픔을 통한 이해 등을 통해 얻어진 것이다. 왜 우리 주위에도 말씨가 아름답고 말이 술술 막힘이 없고 논리정연한 사람이 있지 않은가. 그런데 마음에 울림이 없는 그런 사람 말이다. 이는 그 사람의 말에 무게감이 없기 때문이다. 인간의 힘이라고 표현해도 좋다. 그럼 어떻게 해야 무게감을 얻을 수 있는가.

● 깊은 관심을 가져라

추상적이어도 좋으니 예를 하나라도 들어라.

자신이 소속한 분야에서 깊이 관심을 가지는 분야가 있을 것이다. 나는 마케팅, 브랜드, 리더십에 대해 쓴 책이라면 동서고금을 망라하고 모두 사들여 읽고 웹 사이트도 정기적으로 체크한다. 잡지를 볼 때도 마음에 드는 기사가 없나 눈에 불을 켜고 찾는다. 신제품이 나오면 먼저 써본다. 이런 평상시의 노력이 힘을 기른다.

● 눈을 맞춰라

프레젠테이션을 할 때 PPT를 사용하면 말하는 사람과 듣는 사람 사이에 시선을 뺏는 폐해를 낳는다. 말하는 사람은 슬라이드 화면 혹은 눈앞의 마우스를 본다. 듣는 사람은 책상 위에 놓인 요약 프린트를 교과서인 양 바라본다. '네. 그럼 다음으로 가겠습니다'라는 소리에 일제히 페이지를 넘길 뿐이다. 이런 경우 프레젠테이션도 뭐도 아니다. 프레젠테이션은 커뮤니케이션이다. 시선을 맞추지 않으면 어쩌자는 것인가?

상대방과 시선을 맞추기란 어렵다. 나 또한 젊은 시절 그랬다. 대학교를 졸업하고 영업사원으로 취직하기 전까지는 상대방의 눈을 똑바로 볼 수 없었다. 이는 상대방이 이성이든 동성이든 상관없다. 그래도 영업사원의 첫 번째 원칙은 '상대방의 눈을 보고 말하는 것'이기에 '이 일을 하지 않으면 먹고 살 수 없다'는 정신으로 고객과 시선을 맞추기 시작했다. 처음엔 괴로웠다. 잘 되지 않았다.

두 달째로 접어들었을 때 선배와 어느 지방으로 출장을 가게 되었다. 지방 대리점에서 정기적으로 하는 홍보활동에 동원되었다. 하루 20~25가구씩을 방문하는 융단폭격과도 같은 홍보였다. 그날 정한 지역 안의 고객을 판매점 영업사원과 함께 도는 것이었다. 영업 현장은 '할 것인가, 안 할 것인가' 이 두 가지만이 존재한다. 이천 번 노크라는 특별훈련 덕분에 어느 순간 나는 상대방의 눈을 부끄럼 없이 볼 수 있게 되었다. 무엇이든 익숙해지기 마련이다.

● 이야기와 설명은 다르다

상대방에게 올바로 전달하기 위해서는 '이야기'해야 한다.

어느 날 내가 만든 밴드 주제곡이 '어떤 곡인가'인지 다른 연주자들에게 말로 설명하려고 했다.

“블루스로 시작하고 베이스 부분은 파도가 철썩 철썩 철썩 철썩 철썩하고 치는 것처럼 리듬을 잘게 잘라 구분하고 드럼 스내어를 치기 시작하면 전체가 빠르게 연주하는 노래입니다.”

뭔 소리야? 다들 이해 못 할 거라 생각한다.
이렇게 막상 말로 표현하고 보니 ‘어렵네, 소리가 없으면 역시 무리야’라고 느꼈다. 그 때 멤버 중 한 명이 나에게 다음과 같은 글을 꺼내어 보였다.

하와이의 모래 해변 야자수 나무 그늘에서 잠시 졸던 서퍼
다음 파도를 기다리며 잠시 휴식 타임
쓸려 내려갔다 돌아오는 파도 소리가 기분 좋다.
그는 서퍼 특유의 감각으로 재빨리 일어난다
예상치 못했던 큰 파도가 오는군!
보드를 들고 바다로 돌진하는 서퍼.
자유자재로 큰 물결을 탄다. 기분 최고!
뭐 이런 느낌??
내 멋대로 상상해보았습니다 (^0^)

곡의 이미지와 딱 맞아 떨어져 놀랄 수밖에 없었다. 왜 내 설명은 어렵고 그의 설명은 이해가 잘 되었는가. 해답은 바로 이야기, 즉 스토리의 유무이다.

이야기의 효과를 기획을 듣는 자와 기획팀의 입장으로 나누어 설명해보자.

● 기획을 듣는 사람

추상적인 말이 아닌 기획을 읽는 자신이 이야기 속에 빠져 들어 체험해보자. 그러기 위해 설득력을 강화하고 감동을 주어야 한다. 머리가 아닌 마음으로 이해받을 수 있다.

● 기획팀

멤버 각각에게 동기부여를 하여 의욕을 높인다. 이야기는 상상력을 자극하므로 창작 의지를 불태운다.

실제로 내가 쓴 이야기를 다시 적어본다. 통신과 방송의 융합에 관한 컨설팅에서 다음과 같은 '화재 TV'에 관한 내용을 이야기로 완성해보았다. '화제 TV'에 대해서는 일부분을 전술한 바 있으나 참고로 삼길 바란다.

2005년 9월 2일 17시 25분

타나카 사토시는 스크린에 뜬 회의실을 확인하고 복도로 나가려고 개인인증열쇠가 붙은 문에 손가락을 갔다댔다. 그 때 발밑에서 강철 기둥이 뚫리는 듯한 충격을 느꼈다. 누군가가 "지진이다!"라고 외쳤지만 갑자기 현기증이 나 그 자리에 주저앉고 말았다.

타나카 미요코는 사무실 근처 빌딩 1층에 있는 보육원에 류타를 데리러 왔다. 보육사와 다음 주 일정을 이야기하고 있을 때 헬리콥터가 바로 귀 뒤에서 날아오르는 듯한 건조한 소리가 들렸다. 건물 외벽이 무너지는 소리임을 안 것은 류타를 끌어안고 서둘러 밖으로 나왔을 때였다. 주위 100미터는 연기로 가득 차 바로 눈앞도 확인할 수 없을 정도이다.

타나카 요시코는 저녁 준비를 위해 주방으로 가 싱크대 위쪽에 있는 TV 전원을 켰을 때 쾅하는 소리를 들었다. 또 근처 아파트에서 오토바이 사고라도 났나하고 생각한 순간 서있을 수 없을 정도의 흔들림을 느꼈다. 이렇게까지 서있기 힘들 정도라면 큰 문제겠다고 생각했을 때 지진임을 감지하고 바로 TV를 껴안았다. 천장에 달린 전등이 꺼졌다. 정전이다. 주방 TV는 누전식이라 볼 수 있다. 광고가 나온다. 요시코는 '이것만으로 안심!' 버튼을 누른다. 화면은 빨간 X마크로 현재 위치를 표시한다. 화면 우측에는 교통

정보, 화재정보, 화재네트 3가지 아이콘이 있어 TV에 부착되어 있는 펜으로 직접 화면을 터치하면 지도가 바뀌며 화면 우측에는 아라가와, 히라이대교, 사이쇼오지 등이 나타난다. 교통통제는 아직 없는 것 같다. '라이브 영상'으로 전환한다. 히라이대교 위는 극심한 정체로 차가 움직일 수 없다. 국도 14호에 인접한 카메이도역 근처에서 화재가 발생한 모양이다.

요시코는 화재네트 아이콘을 터치했다. 거기에는 자신의 이름 외에 '사토시' '미요코' '류타'의 이름이 있어 각각 클릭할 수 있다. 사토시는 접속하지 않았다. 미요코는 '무사' 마크를 입력했다. 류타는 '미요코'와 함께 링크되어 함께 있음을 확인했다. 전화마크를 터치했다. 신호가 4번 울리고 미요코가 받았다. 미요코는 보육원에서 돌아와 휴대용 TV를 통해 접속하고 있단다. 그럼 사토시는?

◆ 화재 TV

화재 TV는 누전식이라 정전 때도 쓸 수 있다. 평상시는 일반 TV이지만 '이것만으로 안심!' 버튼을 누르면 화재모드로 전환된다. 한 달 890엔의 화재네트 회원료(1인당. 가족할인도 가능)로 화재 시 가족 전원의 안부의 확인과 정보를 입수할 수 있다. 충격에 강하고 방수기능이 있어 실외에서도 사용 가능하다. 조금 더러워져도 상관없다. 600그램의 초경량으로 가격은 만5천 엔. 무선이라 미약한 전파도 찾아낸다. 화재 시에는 보통 휴대폰이 잘 터지지 않지만 화재네트는 방송국 전파를 이용하니 그럴 염려가 없다.

타나카 사토시는 그 후 회사 의무실에서 화재 TV를 통해 자신의 현재 위치를 가족에게 알렸다.

여러분도 기획을 할 때 이야기도 함께 생각해보라.

타인에게 팔기 위해서는 이야기가 중요하다.

5장

끝맺음_남기다

기획은 의지이고 미래이고 사랑이다.
그렇기 때문에 기록으로 남겨 두어햐 한다.
남기는 방법은 여러 가지가 있다.
가능한 모든 방법을 동원하라.
그리고 1년 후 그 기록을 확인하라.

어떻게 남길 것인가

단 하지 말아야 할 것은 '옛날 쓴 기획을 그대로 쓰는 것'이다.
기획은 반드시 기획할 당시의 공기를 머금고 있다.
즉 유통기간이 있다는 것이다.

기획은 기록으로 남겨두어야 한다. 미래의 자신과 친구를 위해서 말이다.

사실 기획은 완성 후부터가 진정한 승부다. 우선 원을 떠올려 보자. 어디에서 시작해서 어디서 끝나는지 알 수 없다. 기획도 마찬가지로 준비(낳다)→실행(기르다)→실행(정리하다)→실행(판다)→끝맺음(남기다), 이 과정이 끊임없이 반복된다. 즉 '끝맺음'이란 다음 과정을 위한 준비이다.

그러므로 기록으로 남겨야 한다. 말로만 표현하면 논리

만이 살아나 감정, 열정 등은 사라지기도 한다. 그러나 기획은 살아 숨 쉬는 것이라 차후 새로운 기획을 할 때의 감정은 또한 새로운 것이다. 반대로 옛 감정이 남아 있다면 그것에 붙들릴지도 모른다. 이것이 오히려 좋은 결과를 낳을 수도 있다.

그리고 이 마무리 단계는 '시간 나면 해라'가 아니다. 이 과정 없이 기획은 성립될 수 없으므로 반드시 해야 한다.

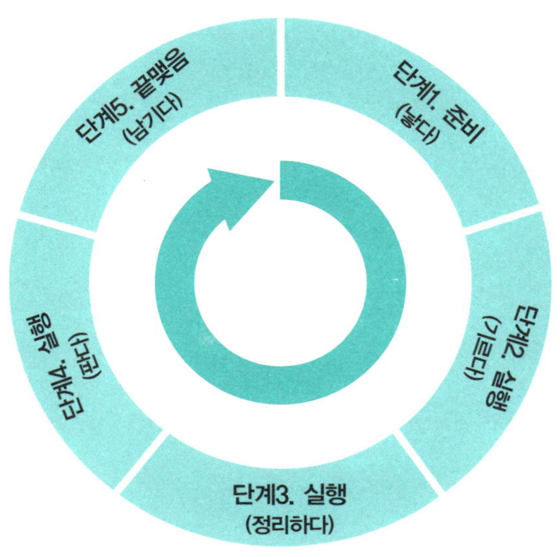

종이는 최고의 기록 수단이다. 휴대가 용의하고 전기가 필요 없다. 장기 보존에는 종이를 이길 자가 없다. 불경을 보라. 또 성서는 어디에 기록했는가.

나는 옛날부터 적어온 수첩이나 노트의 메모를 아직도 집필할 때 유용하게 쓴다. 또한 책에도 써놓는다. 저자의 생각을 보고 한 낙서는 새로운 아이디어 창출에 좋은 재료가 된다.

또한 종이에 적는 행위는 사고를 깊이 있게 만드는 효과가 있다. 시바 료타로(司馬 遼太郞) 씨는 원고를 쓸 때 검정펜으로 부족해 빨간펜으로 덧쓰고 이것으로도 부족해 파랑, 초록, 노랑, 보라 등을 총 동원하여 7색 무지개 원고가 된다.

주제에 따라 문체를 바꾸는 료타로 씨는 《공해(公海)의 풍경》 집필에 있어서 밀도 깊은 문장을 위해 자잘한 문자로 원고지에 빽빽이 글자를 채워 넣었다고 한다.

이러한 재주는 컴퓨터로 할 수 없다.

사실 이 책 또한 워드로 작성된 원고 초고를 편집자가 출력하여 읽으면서 교정하거나 가필한 것이다. 역시 출판되고 나면 공백 부분이나 문장 연결, 전체 이미지 등이 꽤 달라진다. 역시 기획에는 종이가 필수품이다.

2. e(디지털)에 남긴다

이메일의 강점은 비용이 적게 든다는 것이다. 또한 물리적인 부피가 없기 때문에 아무리 커져도 장소를 가리지 않는다. 편집 또한 편하다. 따라서 중요한 기획은 첫째 종이, 둘째 디지털, 이 두 가지에 기록해두자.

단 하지 말아야 할 것은 '옛날 쓴 기획을 그대로 쓰는 것'이다. 기획은 반드시 기획할 당시의 공기를 머금고 있다. 즉 유통기간이 있다는 것이다. 종이는 바래거나 낡은 기획을 알아 챌 수도 있지만 디지털이라면 제약이 없기 때문에 주의해야 한다.

따라서 디지털은 기획한 날짜에 주의하라. 몇 년 몇 월 태생인지 확인하자. 기획의 최대 라이벌은 내 자신일 것이다. 그리고 장애물도 내 자신이다. 왜 그런가? 편하게 만들려면

3. 비주얼로 기억하자

기획은 소리와 비주얼로 기억하자. 케네디 대통령 암살 기록 중에 주위 눈도 아랑곳하지 않고 울부짖는 흑인 남자의 사진이 있다. 암살사건의 본질을 수많은 단어보다 잘 보여준다.

나는 평소 디지털카메라를 들고 다닌다. 기획에 동반된 비주얼 자료는 디지털 문서로 저장한다. 요즘 핸드폰에는 모두 카메라 기능이 있어 디지털카메라를 일부러 가지고 다니지 않아도 편하게 사진을 찍을 수 있다. 평소에 기획의 소재로 사용할만한 뭔가를 발견한다면 바로 찍는 버릇을 들이자.

시각 자료는 그때의 생각을 함께 메모해두자. 몇 년 뒤에 보면 '그 때는 이런 코멘트를 달았구나. 지금의 나라면 다를 텐데'라는 느낌이 들 것이다.

4. 날짜를 적어놓자

반드시 날짜를 기입하자. 기획은 자신의 성장 기록과도 같다. 그리고 몇 년 뒤에 다시 봤을 때도 또 날짜를 적고 그때 떠오른 코멘트를 추가로 달아보자.

여담이지만 나는 책, CD, DVD를 사도 날짜와 어디에서 샀는지 등을 적는 버릇이 있다. 중학교 때부터 시작했으니 벌써 30년이나 되었다. 이것으로 '소장품 역사'가 될 정도이다. 책에 따라 샀을 때의 기분이 적혀있기도 하다. 구직 준비 중 합격 통지를 기다리던 즈음 산 책에는 〈전보, 오지 않다!〉라는 비통한 울부짖음이 적혀 있다. 그 책의 제목은 『정열의 펭귄밥』. 재미난 만화지만 읽고 있던 나는 최악의 불안 상태였다. 이렇게 자신의 역사에도 도움이 된다.

날짜를 기입하는 이유는 또 있다. 기획할 당시의 사회 배경이나 시대 상황도 기입되는 것이다. 인간이 공기를 마시지 않고 살 수 없는 것처럼 기획도 그 시대의 사회 배경이나 시대 분위기를 느낀다. 기획을 그 날 아침으로 세팅한다.

예를 들어 일본 고대에 만들어진 조몬(繩文)식 토기와 야요이(彌生)식 토기. 결국에는 제작한 사람의 기획이 형태로 탄생한 물건이다. 그러나 전자는 매우 거칠고 원시적이며 후자는 섬세한 곡선이 돋보인다. 같은 일본인이 만들었다고는 생각되지 않는다. 그러나 조몬시대는 수렵생활이고 야요이시대는 농경생활이었다는 각 시대의 배경을 알면 납득할 수 있다. 이런 것도 '조몬' '야요이'라는 '날짜'가 명확했기 때문에 파악할 수 있었다.

5. 1년 후

전술한 기록을 꼭 1년 후에 다시 보라. 기획에 날짜를 기입했다면 그 시점에서 정확히 1년 뒤 같은 날에 표시를 하자. 그리고 돌이켜 보는 것이다. 1년이 지난 지금 내가 똑같은 기획을 맡는다면 어떻게 할까. 똑같을까, 다를까. 이것은 미래의 자신에게 주는 훌륭한 선물이다.

기획이 진행되는 지금 1년 후를 상상해보자. 1년 후 오늘 무슨 일이 일어나야 하고 무슨 일이 일어나선 안 되는지.

만약 이를 상상할 수 없다면 기획은 아직 충분히 길러지

섹시한 기획

지 않았다. 상상하라고 해서 무에서 유를 창조하라는 것이 아니다. 공상과는 다르다.

그럼 어떻게 해야 할까.

기획은 다양한 요소로 구성된다. 기획의 몸체가 되는 내용, 진행하는 프로젝트, 그 멤버, 관련된 조직, 사용 자재, 납기, 고객, 예산…… 그 요소 하나하나가 1년 후 어떻게 되고 어떻게 되길 바라는지 생각하는 것이다. 이렇게 생각하는 사이 생각지도 못한 구멍을 발견하기도 한다.

처음에는 귀찮기도 하다. 그러나 분석을 거듭할수록 당신의 기획력은 눈에 띄게 성장할 것이다.

끝맺음_남기다

기획품질 체크리스트 16

이 체크리스트는 기획이 완성되면 반드시 체크하고 자료로 남겨두자. 그리고 기획이 실현된 후 형태로 만들어 졌을 때 다시 한 번 확인하라. 깨달음이 커질 것이다.

- ☑ 해보자
- ☐ 1. 사랑이 담겨있는가?
- ☐ 2. 아름다운가?
- ☐ 3. 세상을 바꿀 수 있는가?
- ☐ 4. 스스로 즐기며 24시간 몰두할 수 있는가?
- ☐ 5. 헤매임은 없는가?
- ☐ 6. 이야기가 있는가?
- ☐ 7. 봐서 알 수 있는가?
- ☐ 8. 들어서 이해되는가?
- ☐ 9. 부인은 이해할 수 있는가?
- ☐ 10. 아이들에게 자랑할 수 있는가?

□ 11. 디자인에 만족하는가?

□ 12. 이름은 마음에 드는가?

□ 13. 데자뷰 감각은 없는가?

□ 14. 좋은 '공기'를 가지고 있는가?

□ 15. 심플한가?

□ 16. 당신의 대표작이라고 말할 수 있는가?

121

끝맺음_남기다

2 오늘 죽는다면 지금의 기획이 대표작이라 할 수 있는가

'이로써 나는 만족하는가?'라고 자문해본다.
물론 'No'이다.
평상시의 나에게 완성이란 없다.

체크리스트 마지막 문항 〈당신의 대표작이라고 말할 수 있는가?〉에 대해서 해설한다.

이 문항은 우선 대표작이라고 불릴만한 품질, 즉 만족할 수 있는 품질인가라는 의미에서 만들어진 물음이기도 하지만 또 다른 의미이기도 하다.

또 다른 의미란 '오늘 완성한 기획을 1초라도 빨리 진부(陳腐)하게 하라'라는 '강제적 진부화'이다.

나는 가끔 갑자기 죽을지도 모른다는 생각을 해본다. 신

섹시한 기획

문에 내 기사가 난다면 어떻게 쓰일 것인가. 어떤 기사가 나올지 상상해보자.

'저서로는 《슬로우 비즈니스 선언!》《리더, 이것만은 마음에 담아두기》《좀 더 일찍 듣고 싶었던 브랜드 수업》 등이 있다. 그리고 《퍼미션 마케팅》 등의 번역서도 있다'

'이로써 나는 만족하는가?'라고 자문해본다. 물론 'No'이다. 내 작품은 물론 모두 중요하고 나 또한 마음에 든다. 하지만 개척하지 못한 분야 및 발굴해야 할 가치는 너무도 많다. 평상시의 나에게 완성이란 없다. 찰리 채플린은 '제일 마음에 드는 것은?'이라는 질문에 항상 '넥스트 원(next one)'이라 대답했다고 한다.

'그럼 사카모토 씨 《기획心》은 대표작이 아닙니까?'

물론 대표작이다.

당신도 기획을 완성했다면 '이것이 나의 대표작이라 불릴 수 있는가' 자문해보길 바란다.

A 무엇을 하고 싶은가?

당신은 세상을 어떻게 바꾸고 싶은가?

이 기획이 실현되면 세상이 어떻게 바뀔까.

기획을 일러스트로 만들어보자.

예를 들어 신제품 개발인 경우는 그 제품을 사는 고객은 '도대체 누구인가?'를 일러스트로 그려보자.

이벤트를 기획할 때는 그 이벤트를 공중에서 내려다 봤을 때의 그림을 그려보자.

일러스트로 그릴 수 있다면 기획은 OK, 할 수 없다면 조금 더 생각해보자.

기획을 일러스트로 그려보자

오감을 갈고 닦아라

오감을 갈고 닦기 위해 하루하루 정진하자.

다음의 표를 체크리스트로 활용하자. 이런 확인 작업이 당신의 오감을 단련시켜 준다. (이 책의 마지막에 수록되어 있으니 체크해 보라). 이 표는 어디까지나 참고이다.

영화관에 간다			
연극을 보러 간다			
미술관에 간다			
음악회에 간다			
여행을 간다			
바다를 보러 간다			
소설을 읽는다			
인기 가게에 간다			
운동한다			
처음 체험을 한다			
악기를 연주한다			
요리를 한다			
식사매너를 배운다			
청소한다			
쓸데없는 물건을 산다			

세로 칸에는 행동을, 가로 칸에는 7월 8월 9월…… 이런 식으로 달을 적는다. 매월 1회 실행을 목표로 한다. 실행했다면 ○, 못했다면 ×를 표시한다. 물론 ○가 많을수록 좋다.

왜 일부러 연극을 보고 바다에 가야하지?

TV나 잡지에서 충분히 기획 힌트를 얻을 수도 있잖아?

음악회나 미술관에 가는 건 개인의 취미에 가까운데 기획이랑 무슨 상관이 있는 거야?

이렇게 생각하는 독자도 있을 것이다. 확실히 말해두지만 '아니다'. 현대사회에서 매스컴, 인터넷 등을 통해 우리 귀와 눈으로 들어오는 정보의 99%는 아름다움이 없고 미의식의 파편조차 없는 눈에 보이는 현실을 모방한 '타지 않는 쓰레기'이다. 의식적으로 피하지 않으면 씻어낼 수 없다. 또한 이 리스트의 항목을 의식하지 않으면 내가 일반적으로 했던 것 이외의 것들은 일생 해 보지 않을 수도 있다.

우선 이것은 확실히 기억해두자.

현재 어른들이 버린 것, 이것이 미의식이며 눈에 보이지 않는 것에 대한 경의이고 마음의 풍요로움이다. 최고 품질의 기획을 지향하고 스스로 QOL이 높은 생활을 하고 싶다면 그 동안 버려졌던 눈에 안 보이는 아름다움을 중시하는 것에 서부터 시작해야 한다.

멋진 어른이 되자. 멋진 어른이란 '내가 무엇에 행복해지고 기분이 좋아지는가'를 평소에 끊임없이 찾고 실천하고 나이를 듦에 따라 업그레이드 하는 사람을 말한다. 약간의 해설이 필요한 리스트 항목이 있어 간단하게 설명하겠다.

섹시한 기획

영화관에 간다

집에서 비디오를 빌려 봐도 내용은 똑같다. 그러나 TV 주변을 둘러보라. 일상생활이 그대로 묻어있지 않은가. 이웃 사람이 말하는 소리가 들리거나 보는 도중 택배 아저씨가 찾아와 물건을 전할 수도 있다.

영화관에 가는 의미는 '작품에 빠진다'이다. 인간이 만든 창작세계에 푹 빠져드는 체험을 자주 하자. 음질, 큰 화면, 어두운 공간……. 같은 내용이라도 TV로 보는 것은 마치 다른 작품을 보는 것과 같다.

연극을 보러 간다

나는 가부키를 좋아해서 2005년 나카무라 칸자부로(中村三勘)의 공연에는 3, 4, 5월 전부 갈 정도였다. 코쿤 가부키, 이치카와 엔노스케(市川猿之助) 일가의 슈퍼 가부키에도 자주 간다. 언제나 객석을 둘러보고 안타까운 점은 남성이 적다는 것이다. 노소를 불문하고 남성 관객은 거의 보이지 않는다. 그래서 세상엔 쓸데없는 기획만 난무하는가라는 생각이 든다. 음악회도 마찬가지지만 현장에서 라이브를 들으면 그 장소에 살아 숨 쉬는 파워를 전신으로 느낄 수 있다. 공연자와 관객과의 '마음의 일치'를 체험해 보길 바란다.

여행을 간다

여행은 단지 구경하고 노는 것만이 아니다. 여행은 기다림의 연속이다. 비행기에 타기 전에도 대기해야 하고 기차를 탈 때도 역에서 '기다림'이 있다.

그렇다. '시간 죽이기의 친구'가 되는 좋은 기회이다.

시간 죽이기의 친구가 되면 여러 가지 발견을 하게 된다. 지나가는 사람을 잘 볼 수 있는 관찰자가 되기도 하고 편의점이나 공항판매점에 어떤 토산품이 있는지, 왜 그런 걸 진열했는지 생각하며 그 지역의 물류, 상권의 특징을 파악할 수도 있다.

소설을 읽는다

경제 경영서는 읽어도 소설은 읽지 않는다고 하는 회사원이 많다. 특히 남자들, 감성이 바싹 말라있다. 소설 중에 추천할만한 것은 역시 고전이다. 나쓰메 소세키의 《도련님》. 제목은 알지만 마지막까지 읽은 사람은 의외로 적다. 소세키가 쓴 문장을 현대어 번역 없이 고어체 그대로 읽는 행복을 맛보아라.

단지 이야기만을 쫓지 말고 언어의 아름다움을 맛보고 표현에 감동하고 상세한 인간묘사를 음미하라. 소설은 본래 몇 번씩 다시 읽으며 맛보는 것이 제일이다. 등장인물이 처한 상황을 나에게 대입시켜 보라. 소설에 빠져든다.

예를 들어보자. 2005년 베스트셀러인 무라카미 류의 《반

도를 나오자》는 북한이 후쿠오카를 제압하는 가까운 미래소
설이다. 북한 군인들의 삶이나 일생을 극명하게 그려냈다.
내용은 범죄 경험이 있어 사회에서 버림받은 소년들의 가족
이야기이며 그들의 마음 속 갈등을 잘 표현해 냈다.

때는 2011년 가까운 미래, 주요 등장인물은 북한군과 소
년들, 정부, 관료, 의사, 병원 직원, 후쿠오카시청, 매스컴.
스토리만을 보면 현재를 살아가는 '보통'의 우리들에게는
그다지 관계없는 일 같다. '소설에서의 이야기'이고 더구나
북한 생활, 현대 일본에게 어떤 영향이 있겠는가라고 생각할
수 있다.

그러나 무라카미 류는 북한과 소년들, '양극단'의 인간과
제압된 후쿠오카라는 '특별한' 상황을 공들여 쫓음으로써

현대 일본과 일본인이 품고 있는 문제를 가열시키는 것이다. 밤하늘의 번개가 어두움을 두드러지게 하는 것과 같다. 이런 문제제기에 이끌려 마주하는 것이 이 책을 읽는 즐거움이다.

소설을 읽으며 어렵고도 재미있는 인간이라는 존재에 대해 깊이 있게 이해할 수 있지 않은가. 작가 사이토 타카시는 자신의 저서 《과잉한 사람》에서 이렇게 말한다. "현대일본에 무엇보다 필요한 것은 인간에 대한 이해이다." 맞는 말이다. 기획력을 향상시키고 싶다면 오감을 자극하라. 오감을 단련시키고 싶다면 인간을 이해하자.

섹시한 기획

악기를 연주한다

내가 기타를 시작한 것은 올해(2005년)부터이다. 46살. 밴드는 3년 전이었으니 43살. 주위의 '좋은 어른'에게 악기를 다루는지 물으면 10명 중 8명이 '젊을 때는 했는데. 지금은 말야'라며 말꼬리를 흐린다. 이렇게 대답하는 사람은 다른 일에도 이런 자세로 일관하겠구나라고 생각된다. 나이로 자신의 가능성에 한계를 만들어 버린다. 이런 건 말도 안 된다.

악기를 연주하면 보통 때 쓰지 않던 근육이 아파온다. 손가락을 소중히 해야겠다는 생각이 들곤 한다. 밴드에서 포크송을 부르기가 괴로워지면 복근을 단련시켜야겠다고 결심한다. 무엇보다 음악은 마음의 양식이다.

식사 매너를 배운다

그 사람이 식사하는 것을 보면 생활의 질(QOL)을 바로 알수 있다. 젓가락을 쥐는 법, 팔꿈치를 대는 것, 자세를 잡는법, 고기 먹는 법……. 특히 일본에서는 '먹는 법을 아는 사람인가'가 한 눈에 보인다. 테이블에 팔꿈치를 올리고 얼굴을 접시에 가까이 대고 마구 먹어대는 사람이 고객의 오감을자극하고 QOL을 향상시키는 상품을 개발할 수 있을 리 만무하다.

청소를 한다

나는 「Palmtree Inc. 학문연구소」나 집에서 내가 직접 청소를 해야 직성이 풀린다. 특히 세면대, 싱크대, 목욕탕, 화장실 등 이른바 물이 자주 닿는 곳은 내 청소 구역이다. 변기를 박박 닦으면서 행복을 느낀다……라고 하면 왠지 이상한 아저씨로 느끼겠지만 내가 청소를 좋아하는 이유는 '깨달음'이 얻어지기 때문이라고 분석한다. 어떤 이익이 있거나 한 것은 아니지만 '아 이런 곳에 이게 떨어져 있네' 혹은 '목욕탕 벽이 늦게 마르네. 역시 장마철엔 습도가 높아지는군' 이라든지 말이다. 물론 연구소의 책상을 닦다 보면 독특한 광택이 나서 기쁘기도 하지만 역시 청소의 참맛은 외부에 있는 것이 아니다. 내 자신의 내부에 깊게 작용하는 '깨달음'이다.

쓸데없는 물건을 산다

낭비는 문화를 만든다. 인간은 계산만으로는 새로운 창조를 할 수 없다. '질렀다. 어째 사버렸네'라고 느끼는 것이 오감을 갈고 닦는다.

사고 후회하는 물건은 나에게 '그래, 이런 세상도 있는 거야'라고 가르쳐준다. 1분의 여유도 없이 쇼핑 하는 것, 자신의 결정대로만 세상을 빙빙 돌며 걷는 것은 시시하다.

어떤 물건이건 많은 사람의 생각이 섞여 이 세상에 태어났다. 즉 타인의 기획을 통해 배울 수 있는 절호의 교재이다. 나에게는 '쓸데없는' 것이 그 상품으로 생계를 잇는 사람에겐 존재의 이유라는 것을 잊지 말자. 감사하자. 그러면 또한 다른 시각이나 감정이 당신의 마음 안에 떠오를 것이다.

이 책은 이시가키섬의 비치리조트에서 썼다. 이곳은 오래된 리조트이지만 굉장히 기분 좋게 지낼 수 있었다. 그 이유를 생각해보면 역시 기획력에 있다.

막 지어진 리조트라면 새 시설이라 좋은 냄새가 난다. 그러나 새로운 시설은 2~3년을 간다. 그 뒤엔 또 다른 리조트가 근처에 생기는 것이 세상 이치이다. 이런 현상을 보면 '새로운 것 만'으로는 고객을 모을 수 없음을 깨닫는다. 여기서 등장하는 것이 비즈니스에서 제일 중요한 '리피트 고객'이다. 이후 여러 번 찾아주지 않는다면 브랜드 창조는 단지 꿈에 불과하다.

내가 있던 리조트는 거품경제 이전에 건설되었다니 벌써 이십년이 넘은 셈이다. 분명 방은 낡았지만 기분이 정말 좋다. 물론 바로 옆에 해변이 펼쳐지고 바다 건너에는 이리오모테 야마네코(西表山猫; 고양이과의 천연기념물)로 유명한 이리오모테섬, 앞 쪽에는 NHK 드라마 〈츄라 씨〉로 유명해진 오바마섬이 자리한다는 절경의 위치도 한 몫 한다. 그렇다 해도 역시 이 리조트의 '판매 포인트'는 '사람'이다. 특히 수상스포츠 안내데스크의 스텝 전원이 웃는 얼굴이 아름답다. 그리고 고객이 무엇을 하고 싶어 하는지 경험으로 알아채고 순발력이 요구되는 현장에서 재치 있게 적절한 서비스를 제공한다.

그들은 스킬 이전에 마인드를 우선시한다. 마린 투어를 가겠다고 마음을 먹었을 때는 2시간짜리 '롱타임' 스킨 스쿠버를 예약했지만 정작 하려고 보니 왠지 피곤할 것 같아 1

시간 '숏타임'으로 변경하고 싶다고 했다. '나의 변덕스러움'에도 아랑곳하지 않고 이들은 기분 좋게 '시스템 변경'을 해주었다. 보통 리조트라면 '고객의 기분'을 '시스템'에 맞춰야 하는데 말이다.

이외에도 '마인드를 중시한 기획'이 곳곳에 보인다. 정원에 심어 놓은 나무에는 하나같이 이름표가 달려 있고 그 지역 내에서 불리는 이름과 간략한 해설도 적혀 있다. 그리고 호텔 방에 비치된 '안내책자'에도 뻔한 숙박규칙이 기재되지 않고 '바다 생물'에 대한 설명이 사진과 함께 붙어 있다. 직접 손으로 쓴 칼라복사본이지만 이 점이 마음에 든다.

디즈니 만화영화 〈니모를 찾아서〉에서 일약 스타덤에 오른 물고기가 있다. 어제 해변에서 쉬던 중 우연히 안내데스크

수조 안을 보고 있는데 스텝이 그 물고기 모양의 인형을 건네 주는 것이 아닌가. 이유를 묻자 '오늘은 날이 좋아 그 물고기를 잘 볼 수 있기 때문에' 이렇게 '공지'하는 것이란다.

아래 사진은 방 테이블에 놓인 안내문이다. '도마뱀은 위험하지 않습니다. 오히려 이 고장에서는 집을 지켜주는 가정

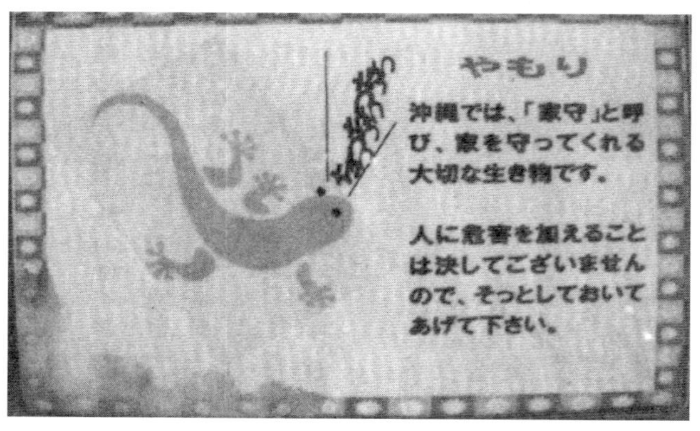

섹시한 기획

의 수호신으로 불린 답니다. 그러니 그냥 두면 됩니다'라고
적혀 있다.

이 리조트 여기저기에서 느낄 수 있는 마인드가 담긴 기
획에 나는 감동하고 말았다.

독자 여러분이 이 책을 길잡이 삼아 기획력을 단련하여
혼이 담긴 기획으로 세상을 즐겁게 그리고 밝게 해주길 기원
하며 집필을 마친다.

이시가키에서
사카모토 케이이치

부록

오감을 단련하고
기획력을 향상시키기 위한 장.
이것을 복사하여 사용하라.

☑ 해보자

- [ ] 1. 사랑이 담겨있는가?
- [ ] 2. 아름다운가?
- [ ] 3. 세상을 바꿀 수 있는가?
- [ ] 4. <u>스스로</u> 즐기며 24시간 몰두할 수 있는가?
- [ ] 5. 헤매임은 없는가?
- [ ] 6. 이야기가 있는가?
- [ ] 7. 봐서 알 수 있는가?
- [ ] 8. 들어서 이해되는가?
- [ ] 9. 부인은 이해할 수 있는가?
- [ ] 10. 아이들에게 자랑할 수 있는가?
- [ ] 11. 디자인에 만족하는가?
- [ ] 12. 이름(네이밍)은 마음에 드는가?
- [ ] 13. 데자뷰 감각은 없는가?
- [ ] 14. 좋은 '공기'를 가지고 있는가?
- [ ] 15. 심플한가?
- [ ] 16. 당신의 대표작이라고 말할 수 있는가?

● 기획 제목 :

☑ 해보자

- ☐ 1. 사랑이 담겨있는가?

- ☐ 2. 아름다운가?

- ☐ 3. 세상을 바꿀 수 있는가?

- ☐ 4. 스스로 즐기며 24시간 몰두할 수 있는가?

- ☐ 5. 헤매임은 없는가?

- ☐ 6. 이야기가 있는가?

- ☐ 7. 봐서 알 수 있는가?

- ☐ 8. 들어서 이해되는가?

- ☐ 9. 부인은 이해할 수 있는가?

- ☐ 10. 아이들에게 자랑할 수 있는가?

- ☐ 11. 디자인에 만족하는가?

- ☐ 12. 이름(네이밍)은 마음에 드는가?

- ☐ 13. 데자뷰 감각은 없는가?

- ☐ 14. 좋은 '공기'를 가지고 있는가?

- ☐ 15. 심플한가?

- ☐ 16. 당신의 대표작이라고 말할 수 있는가?

To Do 리스트 : 할 것

Do Not 리스트 : 하지 않을 것

To Do 리스트 : 할 것

Do Not 리스트 : 하지 않을 것

To Do 리스트 : 할 것

오감을 향상시킬 행동 체크

	월	월	월	월	월	월
영화관에 간다						
연극을 보러 간다						
미술관에 간다						
음악회에 간다						
여행을 간다						
바다를 보러 간다						
소설을 읽는다						
인기 가게에 간다						
운동한다						
처음 체험을 한다						
악기를 연주한다						
요리를 한다						
식사매너를 배운다						
청소한다						
쓸데없는 물건을 산다						

오감을 향상시킬 행동 체크

	월	월	월	월	월	월
영화관에 간다						
연극을 보러 간다						
미술관에 간다						
음악회에 간다						
여행을 간다						
바다를 보러 간다						
소설을 읽는다						
인기 가게에 간다						
운동한다						
처음 체험을 한다						
악기를 연주한다						
요리를 한다						
식사매너를 배운다						
청소한다						
쓸데없는 물건을 산다						

(극비) 첫 체험 리스트

월	
월	
월	
월	
월	
월	

월	
월	
월	
월	
월	
월	

(극비) 첫 체험 리스트

월	
월	
월	
월	
월	
월	

월	
월	
월	
월	
월	
월	

영화 · 연극 · 소설 등에서 영향 받은 말들

예) 2005. 9. 8 初湯千兩(책제목) p.105 아사다 지로(작가이름)	(인상적인 문구) 예술은 일상 속에 있어야 한다고 본다. 살롱에 겉치장한 예술 따위는 의미가 없다. 아무리 빈곤한 삶 속에도 아름다움은 존재해야 하는 것. 그림엽서, 전통 색종이, 봉투. 세간에도 의자에도 이불에도 좀 더 아름다움이 배어야 한다…… (타케히사 유메지)

영화 · 연극 · 소설 등에서 영향 받은 말들

예) 2005. 9. 8 初湯千兩(책제목) p.105 아사다 지로(작가이름)	(인상적인 문구) 예술은 일상 속에 있어야 한다고 본다. 살롱에 겉치장한 예술 따위는 의미가 없다. 아무리 빈곤한 삶 속에도 아름다움은 존재해야 하는 것. 그림엽서, 전통 색종이, 봉투. 세간에도 의자에도 이불에도 좀 더 아름다움이 배어야 한다…… (타케히사 유메지)

당신이 TV광고를 기획해주세요

당신을 광고할 수 있는 기회가 생겼다. 전국 TV로 중계될 예정이다.

당신은 어떤 TV를 만들 것인가? 4칸 콘티를 만들어 보라. 방영시간은 3분.

제목 〈　　　　　　　　　　　　　　〉

1	2
3	4

당신이 TV광고를 기획해주세요

당신을 광고할 수 있는 기회가 생겼다. 전국 TV로 중계될 예정이다.

당신은 어떤 TV를 만들 것인가? 4칸 콘티를 만들어 보라. 방영시간은 3분.

제목〈   〉

| 1 | 2 |
| 3 | 4 |

섹시한 기획

사카모토 케이이치 지음 | 김성은 옮김
초판 1쇄 발행 2007년 4월 10일

펴낸이　　이승철
편집　　　이덕완, 이동철
디자인　　김진디자인
펴낸곳　　꿈엔들
출판등록　2002년 8월 1일 등록번호 제10-2423호
주소　　　121-231 서울특별시 마포구 망원동 415-1
대표전화　332-4860
팩스　　　332-4861
E-mail　dreamnfield@hanmail.net

ⓒ Keiichi Sakamoto, 2005
저자와의 협의에 의하여 인지 첨부를 생략합니다.

ISBN 978-89-90534-14-9　03320

＊ 정성을 다해 만들었습니다만, 간혹 잘못된 책이 있습니다.
　연락주시면 바꾸어 드리겠습니다.

이 도서의 국립중앙도서관 출판시도서목록(CIP)은 e-CIP 홈페이지
(http://www.nl.go.kr/cip.php)에서 이용하실 수 있습니다. (CIP제어번호 : CIP2007000781)